Florian Coulmas

Hiroshima

Geschichte und Nachgeschichte

Verlag C. H. Beck

Originalausgabe

© Verlag C. H. Beck, München 2005
Satz: Fotosatz Reinhard Amann, Aichstetten
Druck und Bindung: Druckerei C. H. Beck, Nördlingen
Umschlagentwurf: +malsy, Bremen
Printed in Germany
ISBN 3 406 52797 3

www.beck.de

Inhaltsverzeichnis

Jeder erinnert sich nur an das, was ihm angenehm ist.

Akira Kurosawa,
Rashōmon

Leider bin ich alt genug zu wissen, dass Geschichte oft nicht das ist, was wirklich geschah, sondern das, was als solches aufgeschrieben wird.

Henry L. Stimson,
On Active Service in Peace and War

I. Hintergrund:
Der Zweite Weltkrieg in Ostasien

Am 6. und 9. August 1945 starben durch die auf Hiroshima und Nagasaki abgeworfenen Atombomben auf einen Schlag mehrere Hunderttausend Menschen. Warum das geschah, ist eine Frage, die sich bis heute einer einfachen Antwort entzieht. Das unvorstellbare Ausmaß der nie da gewesenen und seither nie wiederholten Massenvernichtung durch Waffen mag ein Grund dafür sein. Der nukleare Holocaust[1] steht allein in der Geschichte, und das macht seine Bewertung schwierig, aber nicht nur das. Die Frage «warum?» stellt sich für die Betroffenen auf beiden Seiten – die, die den Befehl zur Bombardierung der Städte gaben und ihn ausführten und die, die ihr zum Opfer fielen – auf radikal andere Weise. In den sechs Jahrzehnten, die seit der Auslöschung Hiroshimas und Nagasakis vergangen sind, haben sich die Sichtweisen nicht angenähert, im Gegenteil, die Geschichte von Hiroshima wird weiterhin unterschiedlich erzählt, und die unterschiedlichen Erzählungen sind inzwischen zu stabilen Bestandteilen größerer Geschichten geworden, die, was angesichts der Tragweite des Ereignisses nicht überraschend ist, das Selbstverständnis der Betroffenen berührt. So reicht die Geschichte in die Gegenwart hinein, ist ein Teil von ihr.

In Japan kann man das Ereignis nur aus der Opferperspektive erzählen, in den USA nur aus der der Täter, die man dort freilich nicht so nennt, impliziert «Täter» doch nicht allein eine Tat, sondern eine *schuldhafte* Tat; und hier scheiden sich die Geister. Schuld ist ein Begriff, der seitens des offiziellen Amerikas[2] nicht mit den Atombomben in Zusammenhang gebracht wird, denn für das amerikanische Selbstverständnis ist die Idee vom gerechten Krieg von zentraler Bedeutung.

Trotz der Sonderstellung, die Hiroshima und Nagasaki in der

Geschichte des Krieges einnehmen, und trotz der unterschiedlichen Bewertungen muss jeder Versuch, die Zerstörung der beiden Städte zu verstehen, scheitern, wenn man sie – als Werk des absolut Bösen, als deus ex machina oder als Unbegreifliches – aus dem historischen Kontext herausnimmt. Es war Krieg. Ohne den Krieg wären die Atombomben nie auf Hiroshima und Nagasaki abgeworfen worden.

Wie weit aber müssen wir zurückgehen, um die Zusammenhänge, die dort kulminierten, zu erklären? Bis zum Beginn des Zweiten Weltkriegs? Dieser wird in Europa gewöhnlich mit dem 1. September 1939 angegeben, als Hitlers Truppen Polen überfielen. In Fernost ist die Datierung schwieriger. Aus amerikanischer Sicht ist der 7. Dezember 1941 das entscheidende Datum. Am frühen Morgen dieses Tages, dem 8. Dezember japanischer Zeit, griffen japanische Flugzeuge den amerikanischen Marinestützpunkt Pearl Harbor in Hawaii an, wo sie vier Schlachtschiffe der Pazifischen Flotte versenkten, vier weitere Schiffe stark beschädigten und 188 Flugzeuge zerstörten. In der amerikanischen Geschichtsschreibung und mehr noch im Geschichtsbewusstsein der Bevölkerung ist dieser Tag, wie Rosenberg dokumentiert hat,[3] nicht irgendeiner in einer krisenreichen Zeit, sondern ein Wendepunkt, ein Trauma, ein Symbol für Amerikas Rolle im Zweiten Weltkrieg. Wie präsent dieses Datum im amerikanischen Gedächtnis ist, wurde deutlich, als von US-Politikern und in der amerikanischen Presse unmittelbar nach den Anschlägen am 11. September 2001 Pearl Harbor als Bezugspunkt und Vergleich herangezogen wurde.

Für Amerika definiert Pearl Harbor den Zweiten Weltkrieg wie kein anderes Ereignis und rechtfertigt alles, was folgte, denn der Angriff war heimtückisch, aus heiterem Himmel und unprovoziert, so jedenfalls die summarische Erinnerung an dieses Ereignis. «Der Wunsch nach Rache (denkt an Pearl Harbor und die japanische Misshandlung von Kriegsgefangenen, forderte Truman) hat wohl auch dazu beigetragen, den Beschluss zum Einsatz der Bombe zu bestätigen», schließt Barton Bernstein,[4] einer der profiliertesten Historiker auf diesem Gebiet. Pearl Harbor stand und steht in Amerika für infamen Verrat und die gefährliche Aggressi-

vität einer anderen Rasse und wurde zur Chiffre für die moralische Legitimität aller amerikanischen Kriegshandlungen.

Für Japan hingegen war Pearl Harbor ein verzweifelter Befrei-
ungsschlag, der in einer Reihe mit anderen Ereignissen stand, die
die Rivalität zweier aufstrebender Mächte im pazifischen Raum
kennzeichneten. Japan war von Importen aus den USA abhängig,
insbesondere von Öl und Eisen für die Rüstungsindustrie, einer
tragenden Säule seiner expansionistischen Politik. Als Japan seine
von den westlichen Mächten als legitim angesehenen Interessen in
der Mandschurei nach China und weiter nach Südostasien aus-
zudehnen begann, stieß es auf den Widerstand Washingtons, das
seine eigenen Interessen im Westpazifik dadurch gefährdet sah.
Durch ein seit Sommer 1940 sukzessive verschärftes Wirtschafts-
embargo versuchte die amerikanische Regierung, Japans Expan-
sion einzudämmen. Als japanische Truppen im Sommer 1941 in
Südindochina einmarschierten, koordinierte Washington das Embargo mit England und Holland, so dass Japan von Öl und
Kautschuklieferungen abgeschnitten war. Japan sah sich umringt
und in die Enge getrieben.

Unterdessen wurde intensiv, aber erfolglos verhandelt, um aus
der Sackgasse herauszukommen. Washington verlangte, dass Japan
sich nicht nur aus Indochina, sondern auch aus China zurückzöge,
während Tokyo die Aufhebung des Ölembargos forderte und darauf bestand, dass die USA Japans Vormachtstellung im Fernen
Osten anerkannten. Beide Verhandlungspositionen waren ebenso
kompromisslos wie durch schwere Fehleinschätzungen der Gegenseite bestimmt. Washington erwartete, dass Japan nachgeben
würde und Tokyo unterschätzte den Effekt von Pearl Harbor, der
die Amerikaner zu einer opferbereiten und kriegsentschlossenen
Nation zusammenschweißte.

Verkompliziert wurde die Lage dadurch, dass Japan – weniger
aus Sympathie für den Faschismus als aus machtpolitischen Gründen – im Herbst 1940 den Dreimächtepakt mit dem Deutschen
Reich und Italien und im April des folgenden Jahres einen Neutralitätspakt mit der UdSSR unterzeichnet hatte. Hinzu kam,
dass es in Südostasien mit Deutschlands Kriegsgegnern in Kon-

flikt geriet. Schon 1938 hatte Prinz Konoe Fumimaro, der damalige Premierminister, eine Erklärung zu einer «neuen Ordnung in Ostasien» abgegeben, die seither Grundlage der japanischen Außenpolitik war. Sie zielte auf die Errichtung einer von Japan beherrschten «großen ostasiatischen Wohlstandssphäre». Selbst wenn die antikolonialistischen Parolen, die Japan auf seine Fahnen schrieb, weniger altruistisch motiviert waren als dadurch, der japanischen Hegemonie in Ostasien den Weg zu bereiten, war es doch eine Tatsache, dass die Westmächte in China ihre eigenen Interessen verfolgten und ihre asiatischen Kolonien hatten. Dass ihrer Präsenz im Fernen Osten durch Asiaten ein Ende bereitet werden sollte, war für die politischen Führer undenkbar. Der Generalgouverneur von Niederländisch Indien und Shell-Direktor B.C. de Jonge sagte deutlich, worum es ging: «Wir haben hier dreihundert Jahre mit Peitsche und Knute geherrscht und werden das auch die nächsten dreihundert Jahre tun.»[5]

Retrospektiv ging es im Pazifischen Krieg um die Neuordnung des asiatisch-pazifischen Raums inklusive Chinas und Südostasiens, in dem bis dahin die imperialistischen Mächte das Sagen hatten: Großbritannien in Indien, Burma, Malaya und Hongkong, Frankreich in Indochina, die Niederlande in Indonesien und die USA in den Philippinen. Dazu kamen die Marianen, die Karolinen, die Salomonen, die Marshall- und Gilbert-Inseln sowie andere pazifische Inseln, die ebenfalls in der Hand der imperialen Mächte waren.

Müssen wir so weit zurückgehen, um zu verstehen, wie es zum Angriff auf Pearl Harbor und schließlich zum Abwurf der Atombomben kam? Oder vielleicht noch weiter bis in die Mitte des neunzehnten Jahrhunderts, als das japanische Inselreich, das fernab vom Weltgeschehen in selbst gewählter Abgeschiedenheit seit zweieinhalb Jahrhunderten mit seinen Nachbarn in Frieden lebte, von amerikanischen Kanonenbooten auf die internationale Bühne gezwungen wurde, wo es den imperialistischen Staaten nacheifernd schnell zu einer Macht wurde, die ihren Forderungen mit militärischen Mitteln Geltung verschaffen konnte? Noch einen Schritt weiter zurück gehen Historiker wie Kitahara Michio, der den Angriff auf Pearl Harbor als Reaktion auf den westlichen Rassismus deutet, mit dem sich Japan seit 1543 konfrontiert sah, als die ersten portugiesischen Missionare nach Japan kamen, um den Menschen dort den rechten Glauben und die bessere Lebensweise beizubringen.[6] Der missionarische Geist und der Rassismus gehörten in der westlich dominierten Welt der ersten Hälfte des zwanzigsten Jahrhunderts zur Normalität, und die Japaner hatten als einzige nicht-weiße Teilnehmer an der Friedenskonferenz von Versailles die Erfahrung gemacht, dass ihr Vorschlag, in die Satzung des Völkerbunds einen Paragraphen gegen rassistische Diskriminierung aufzunehmen, von den westlichen Mächten abgelehnt wurde.

Dies sind Schlaglichter, die im Hintergrund aufscheinen. Sie verweisen auf die Komplexität der Zusammenhänge und erinnern an die alte Frage, die immer wieder gestellt wird: Wie kann der Mensch die scheinbar blindwütigen Kräfte der Geschichte verstehen und beherrschen? Sie kann an dieser Stelle nicht verfolgt werden. Hier geht es nur um eine Kriegshandlung und darum, welche Gestalt sie dadurch annimmt, dass aus verschiedenen Blickwinkeln von ihr erzählt wird. Und es geht darum zu zeigen, dass nach wie vor um die Legitimität dieser Blickwinkel gekämpft wird, weswegen es noch nach 60 Jahren schwierig ist und vielleicht immer schwieriger wird, ein Schlüsselereignis des zwanzigsten Jahrhunderts einzuordnen. Mindestens vier Aspekte von Hiroshima verlangen nach Aufmerksamkeit: die technologische Seite, die militärische Seite, die politische Seite und die menschliche Seite.

Die technologische Seite

Das amerikanische Atomprogramm wurde 1939 ins Leben gerufen, nachdem der dänische Physiker Niels Bohr in Washington von bahnbrechenden Experimenten berichtet hatte, die Otto Hahn, Fritz Strassmann und Lise Meitner in Deutschland auf dem Gebiet der Kernspaltung durchgeführt hatten. In der Folge wurden an den Universitäten von Chicago und Kalifornien, Columbia, Princeton und Stanford sowie verschiedenen anderen Einrichtungen atomphysikalische Forschungsprogramme aufgelegt, an denen aus dem faschistischen Europa geflohene Wissenschaftler wie Enrico Fermi und Leo Szilard federführend beteiligt waren. Auch Albert Einstein engagierte sich, indem er einen Brief an Präsident Roosevelt schrieb und vor der Möglichkeit einer deutschen Atombombe warnte. Nach zögerlichen Anfängen wurden die Arbeiten unter größter Geheimhaltung immer intensiver vorangetrieben und schließlich in dem so genannten «Manhatten-Projekt» koordiniert. Die Herstellung spaltbaren Materials geschah in Oak Ridge, Tennessee, (Uran 235) und Pasco im Bundesstaat Washington (Plutonium). Die Konstruktion der Bombe wurde einer neuen Forschungsanlage in Los Alamos, New Mexico, unter Leitung von J. Robert Oppenheimer von der Universität von Kalifornien in Berkeley übertragen. Fermi erkannte schon früh, dass durch die Kernspaltung von Uran eine Kettenreaktion ausgelöst werden konnte, wie sie für eine Atombombe notwendig war. Bis zur ersten erfolgreichen Testzündung einer einsatzfähigen Waffe war es noch ein weiter Weg. Sie erfolgte erst am 16. Juli 1945 in White Sands, einem Stück Wüste in New Mexico.

Das Ziel war damit fast erreicht. Was ausstand, war noch der technisch ebenfalls schwierige zielgenaue Abwurf der Waffen aus einem Flugzeug, der nur drei Wochen später geleistet wurde. Nach fünfstündigem Flug von der kleinen Insel Tinian etwa 2500 Kilometer südöstlich Japans wurde die erste Atombombe zusammen mit Messinstrumenten für die Beobachtung der Wirkung aus 8500 Meter Höhe abgeworfen. Nach 43 Sekunden detonierte sie in 580 Meter Höhe über dem Shima-Krankenhaus im Zentrum Hiroshimas und produzierte einen Feuerball, der binnen 1/10000 Sekunde eine Temperatur von nahezu 300000 °C erreichte. Auf dem Erdboden betrug sie mindestens 6000 °C. 35 % der freigesetzten Energie bestand aus Wärme, 50 % aus Druck und 15 % aus radioaktiver Strahlung. Der Einsatz der besten Physiker, Techniker und Militärlogistiker sowie die ungeheure Summe von zwei Milliarden Vorkriegsdollar hatten das möglich gemacht.[7] Ein Beweis für die enorme Leistungsfähigkeit der amerikanischen Wissenschaft und Industrie war erbracht worden, der auf lange Sicht Grund zu Stolz sein sollte.

Die militärische Seite

Das Manhatten-Projekt diente von Anfang an militärischen Zwecken. Henry Stimson, U.S.-Kriegsminister während des ganzen Pazifischen Krieges und als solcher dem Präsidenten für das Projekt verantwortlich, erklärte kurz nach dem Krieg:

Zu keiner Zeit zwischen 1941 und 1945 äußerte sich der Präsident oder irgendein anderes verantwortliches Regierungsmitglied dahingehend, dass Atomenergie nicht im Krieg verwendet werden sollte. [...] Es war unser gemeinsames Ziel, die ersten zu sein, die eine Atomwaffe herstellten und benutzten. [...] Der ganze Zweck war die Produktion einer militärischen Waffe; der Aufwand von so viel Zeit und Geld in Kriegszeiten hätte aus keinem anderen Grund gerechtfertigt werden können.[8]

Der militärische Zweck der Entwicklung der neuen Waffe stand für die Verantwortlichen außer Zweifel. Ob ihr Einsatz militärischen Notwendigkeiten gehorchte, ist weniger klar. Von den meisten Wissenschaftlern wird das heute bestritten. Denn im Sommer 1945 war Japan militärisch am Ende. Der Konsensus unter Historikern ist, dass die Lage nach Beendigung der Kriegshandlungen in Europa für Japan aussichtslos war, und dass das sowohl der japanischen als auch der amerikanischen Führung bekannt war.

Der amerikanische Generalstab bereitete Pläne für eine Invasion vor, die für den Fall, dass Japan nicht kapitulierte, in zwei Etappen – im November 1945 in Kyushu und im März 1946 in der Kanto-Ebene um Tokyo – durchgeführt werden sollte. Die meisten Militärs rechneten jedoch nicht mit der Notwendigkeit einer Invasion. Denn auf der Konferenz von Jalta im Februar 1945 hatte Stalin Roosevelt zugesagt, drei Monate nach dem absehbaren Sieg über Deutschland in den Krieg gegen Japan einzutreten. Das, so die Meinung führender Militärs im Frühjahr 1945 wie auch nach

Japans Kapitulation, war der entscheidende Faktor, der Japan unweigerlich zur Aufgabe zwingen würde.[9] Andere waren der Meinung, dass sich Japan so oder so ergeben würde. Ein 1946 herausgegebener Militärbericht kommt zu dem Schluss:

Aller Wahrscheinlichkeit nach hätte Japan vor dem 1. November 1945 kapituliert, selbst wenn die Atombomben nicht abgeworfen worden wären, Russland nicht in den Krieg eingetreten und keine Invasion geplant oder erwogen worden wäre.[10]

Die militärische Notwendigkeit der Atombomben begründete Präsident Truman, der Roosevelt nach dessen Tod im April 1945 im Amt nachfolgte, nach Ende des Krieges damit, dass sie eine Invasion Japans überflüssig gemacht und dadurch Hunderttausenden von amerikanischen Soldaten das Leben gerettet habe. Barton Bernstein hat nachgewiesen, dass diese Behauptung jeder Grundlage in den Fakten oder auch nur in militärischen Planspielen entbehrt und erst nach Kriegsende erfunden wurde. Truman sprach von «500 000 geretteten Amerikanern». «Das ist die Zahl, die er in der Öffentlichkeit während der Jahre nach seiner Präsidentschaft benutzte, außer bei den seltenen Gelegenheiten, wenn er sie auf eine Million verdoppelte.»[11] Vor der Entscheidung zum Einsatz der Bomben hat niemand je Truman solche Zahlen genannt. In militärischen Planungen war von weniger als einem Zehntel Toter und Verletzter die Rede. Da aber die vermeintliche Rettung so vieler amerikanischer Menschenleben die beste Rechtfertigung für die Verwendung der Bombe abgab, wurde diese fiktive Zahl Teil der amerikanischen Erinnerung an Hiroshima.

Vom militärischen Nutzen und von der Vertretbarkeit der Verwendung der Bomben waren hochrangige Militärs nicht überzeugt. General Dwight D. Eisenhower, der Oberkommandierende der U.S.-Truppen in Europa und spätere Präsident, bemerkte:

Ich glaubte, dass unser Land es vermeiden sollte, die Weltmeinung durch die Verwendung einer Waffe zu schockieren, deren Einsatz meines Erachtens nicht mehr erforderlich war, um amerikanische Leben zu retten.[12]

Und Admiral William Leahy, der Stabschef, resümierte seine Haltung post factum so:

Die Japaner waren schon geschlagen und bereit sich zu ergeben. Der Einsatz dieser barbarischen Waffe gegen Hiroshima und Nagasaki half unseren Kriegsanstrengungen gegen Japan in keiner Weise. Durch ihre Erstverwendung haben wir uns den moralischen Standard von Barbaren des finstersten Mittelalters zu Eigen gemacht. Ich habe nicht gelernt, auf diese Weise Krieg zu führen, und Kriege werden nicht durch die Vernichtung von Frauen und Kindern gewonnen.[13]

Der Historiker der amerikanischen Atomaufsichtsbehörde fasst die Erkenntnisse der historischen Zunft zusammen:

Die übereinstimmende Meinung der Fachleute ist, dass die Bombe nicht nötig war, um eine Invasion Japans zu vermeiden. Es ist klar, dass es Alternativen zur Bombe gab und dass Truman und seine Berater das wussten.[14]

Die politische Seite

Wenn die Bombardierung Hiroshimas und Nagasakis militärisch unnötig war, warum erfolgte sie dann? Die Meinung der Historiker tendiert heute dazu, politischen Gründen das größte Gewicht beizumessen.

Den Befehl, alles Erdenkliche zu tun, um eine Atombombe zu bauen, erteilte Präsident Roosevelt am 6. Dezember 1941, einen Tag vor dem japanischen Angriff auf Pearl Harbor.[15] Das Manhatten-Projekt unterlag einer derart strikten Geheimhaltung, dass fast niemand in der Regierung davon wusste. Präsident Truman wurde erst am 25. April 1945 von Kriegsminister Stimson eingeweiht, als der Krieg mit Deutschland praktisch zu Ende war.[16] In den folgenden Monaten beherrschten zwei Probleme die amerikanische Außenpolitik, der Krieg im Pazifik und das Verhältnis zur UdSSR bei der Neuordnung Europas. Die ursprünglich für Juni geplante Konferenz von Potsdam, bei der die Siegermächte sich darüber beraten wollten, wurde von Truman auf Ende Juli verschoben, auf einen Zeitpunkt, zu dem er hoffen konnte, über eine einsatzfähige Atomwaffe zu verfügen. Bevor es diese Waffe gab, noch Anfang 1945 und bei der Konferenz von Jalta, drängte die amerikanische Regierung die UdSSR zum Kriegseintritt gegen Japan. Truman rückte davon jedoch ab. Die Atombombe schien ihm den Sieg ohne russische Beteiligung zu versprechen, was die amerikanische Position nicht nur in Ostasien, sondern auch in Europa stärken würde.

Die japanischen Bemühungen um einen Verhandlungsfrieden – seit Mai gab es Gespräche in dem noch neutralen Moskau[17] – wurden von der amerikanischen Regierung nicht ausgelotet.[18] Das Deutsche Reich hatte bedingungslos kapituliert, und Truman sah keinen Grund, für die japanische Kapitulation Bedingungen zu akzeptieren. Für die japanische Regierung war das Beharren auf bedingungsloser Kapitulation das größte Problem, da der Erhalt der mit der japanischen Nation gleichgesetzten Monarchie dadurch in Frage gestellt war. Mitglieder der amerikanischen Regierung, die argumentierten, dass Japan kapitulieren würde, wenn die Souveränität des Kaisers zugesichert würde, insbesondere der ehemalige Botschafter in Japan Joseph C. Grew, konnten sich nicht durchsetzen.

Die Zukunft des Kaisers spielte für die U.S.-Regierung nur eine untergeordnete Rolle. Nach dem Krieg ließen sie ihn im Amt und trugen wesentlich zu dem Mythos bei, Hirohito wäre bei politischen Entscheidungen und in den Krieg nicht aktiv involviert gewesen. Wichtiger war das Verhältnis zur UdSSR, die in Washington als neuer Gegner ausgemacht worden war. Als alleinige Atommacht konnte Amerika Forderungen nach Ausdehnung des sowjetischen Einflussbereichs entgegentreten. Dafür galt es freilich den Beweis zu erbringen, dass die Atombombe funktionierte und dass Washington bereit war, sie zu verwenden. Das war der Hauptgrund, weswegen Truman die Möglichkeit eines Verhandlungsfriedens mit Japan nicht weiter verfolgte.[19]

Bei der Konferenz von Potsdam (17.7. bis 2.8.1945) erklärte Stalin, dass die UdSSR am 8. August in den Krieg gegen Japan eintreten würde. Dennoch wurde Japan am 26. Juli unter Androhung von «unverzüglicher und völliger Zerstörung» ultimativ zur Kapitulation aufgefordert. Washington wollte Moskaus Kriegseintritt nicht mehr, da aus ihm russische Ansprüche auf Beteiligung an der Gestaltung der Nachkriegsordnung in Ostasien entstehen würden. Nachdem die japanische Regierung, die nicht wissen konnte, was die Gewaltandrohung konkret bedeutete, das Ultimatum ignoriert hatte, wurde deshalb am 6. August, dem frühestmöglichen Termin, Hiroshima bombardiert. Am 8. August erfolgte erwartungsgemäß die Kriegserklärung der UdSSR. Einen Tag danach wurde die Bombe auf Nagasaki abgeworfen, nicht zuletzt, wenn nicht vor allem, um Stalin und der Welt zu zeigen, dass die erste Bombe nicht die einzige war. Paul Nitze, der 1945 Offizier und stellvertretender Vorsitzender des oben zitierten *Strategic Bombing Survey* war, nannte eine Rede zum Thema 1995 bezeichnenderweise im Untertitel: «A weapon beyond war», eine Waffe also, die politischen Zwecken diente. Seine Schlussfolgerung war, «dass die Bomben nicht mehr bewirkten, als den bereits stattfindenden Beratungen etwas mehr Dringlichkeit zu verleihen. Es ist sogar möglich, dass die zweite überflüssig war.» [20]

Hätte Japan die Atombomben vermeiden können? Nicht in dem Sinne, dass die Tokioter Regierung einer bekannten Gefahr hätte ausweichen können, denn es war die amerikanische Absicht, sie ohne Ankündigung oder Warnung abzuwerfen. [21] Anzulasten ist der Regierung jedoch, dass sie der eigenen Bevölkerung den Krieg viel länger zumutete, als er mit minimaler Aussicht auf Erfolg geführt werden konnte. Der Grund dafür war die Forderung nach bedingungsloser Kapitulation, die für die von Militärs dominierte Regierung ein unerträglicher Gesichtsverlust war. Herbert Bix hat gezeigt, dass der Shōwa Tennō Hirohito am Beharren auf der unnachgiebigen und uneinsichtigen Position seiner Regierung maßgeblich beteiligt war [22], – anders als oft von Japanern, die ihn als Gott verehrten und Amerikanern, die ihn aus opportunistischen Gründen nach dem Krieg im Amt ließen, behauptet worden ist. Gemeinsam mit den militaristischen Falken in seiner Regierung ist er für die Toten von Hiroshima und Nagasaki mitverantwortlich.

Die Zahl der Atombombenopfer (*hibakusha*) wird sich nie genau ermitteln lassen, schon weil viele Menschen an den Spätfolgen der Strahlung starben, deren Wirkung erst langsam deutlich wurde. Verschiedene Zahlen sind veröffentlicht worden. Die Stadt Hiroshima nennt in einem Bericht an die Vereinten Nationen 140000 (±10000), die bis Dezember 1945 gestorben waren.[23] Die entsprechende Zahl für Nagasaki ist 70000 bis 80000. Die Zahl der von den Spätfolgen Betroffenen liegt wesentlich höher, bis zu 350000 in Hiroshima und 270000 in Nagasaki.[24]

Das menschliche Leid war beabsichtigt. Vorschläge, die Bombe auf rein militärische Anlagen oder unbewohntes Gebiet abzuwerfen, um ihre Wirkung zu demonstrieren, wurden verworfen. Nach Kriegsende inhibierten die Besatzungsbehörden jede Kommunikation zwischen den Überlebenden der bombardierten Städte, insbesondere den Erfahrungsaustausch zwischen den wenigen funktionstüchtigen Kliniken. Medizinische Unterlagen, Blut- und Gewebeproben wurden beschlagnahmt, und die japanische Verwaltung wurde gezwungen, vom Internationalen Roten Kreuz angebotene medizinische Hilfe abzulehnen.[25]

Der immer wieder erhobene Vorwurf, in die Entscheidung zum Einsatz der Bombe seien auch rassistische Motive eingeflossen, ist deshalb schwer zu entkräften. Während des Pazifischen Krieges wurden japanischstämmige Amerikaner zwangsweise in Konzentrationslager umgesiedelt,[26] eine Maßnahme, die deutschstämmigen Amerikanern erspart blieb. Harry Truman gab öffentlich zu, dass er «die Japs» hasste und hörte deshalb auf diejenigen seiner Berater, die auf den Einsatz der Bombe drängten, um das Manhatten-Projekt zu Ende zu führen.[27] Der angesehene Historiker John Dower hat dokumentiert, wie in Amerika ein Bild von den Japanern als rassisch andere Untermenschen gezeichnet wurde.[28] Der nachträglichen, quer durch das politische Spektrum der amerikanischen Medien reichenden Zustimmung zur Bombardierung war damit der Boden bereitet.[29]

Die Frage «warum?»

Eine unverzerrte Antwort auf die Frage zu geben, weshalb Hiroshima und Nagasaki vernichtet wurden, bleibt schwierig. Nur der Versuch einer relativen Gewichtung der vielen verschiedenen Faktoren, die zusammenkamen, ist sinnvoll. Während militärische Gründe kaum ins Gewicht fielen, war das politische Motiv, gegenüber der sowjetischen Führung amerikanische Stärke zu zeigen, von großer Bedeutung. Hinzu kamen der Druck, die gewaltigen Kosten des Unternehmens zu rechtfertigen. und die Bereitschaft zur Dehumanisierung der anderen Rasse. Japans Versäumnis, den auch ohne die Atombomben bereits verlorenen Krieg zu beenden, machte es möglich, dass die Katastrophe über Hiroshima und Nagasaki hereinbrach.

II. Orte der Erinnerung

Hiroshima

Im Spätsommer 1945 sah es nicht so aus, also ob in Hiroshima je wieder städtisches Leben möglich sein würde, aber in den Außenbezirken gab es Überlebende. Sie blieben oder kehrten dorthin zurück, um wieder eine Stadt aufzubauen. Heute ist Hiroshima eine geschäftige, hässliche Millionenstadt wie viele andere japanische Städte, und doch ist sie einmalig. In ihrer Mitte, zwischen dem Honkawa und dem Motoyasu, südlich der Aioi-Brücke, die das angegebene Ziel der Atombombe war, befindet sich der Friedensgedächtnispark. Er nimmt die nördliche Spitze des von Wasser umgebenen Naka-Distrikts ein und ist über vier Brücken zu erreichen: die große Friedensbrücke, die westliche Friedensbrücke, die Honkawa-Brücke und die Motoyasu-Brücke. Im Süden wird der Park durch die Friedensallee begrenzt. In nordsüdlicher Richtung misst er 600 Meter, in westöstlicher etwa 250 Meter. Als Resultat einer Kampagne, die nach Kriegsende für den Wiederaufbau Hiroshimas als «Stadt des Friedens» warb, wurde dieses Areal, das im Zentrum der atomaren Zerstörung lag, zur Gedenkstätte bestimmt.

Der Friedensgedächtnispark

Von der Friedensallee aus trifft man auf drei nebeneinander stehende große Gebäude. Sie sind in städtischem Besitz und dienen Hiroshima zur Bewahrung der Erinnerung an die Zerstörung und zur Förderung des Weltfriedens. An das Internationale Konferenzzentrum im Westen schließen sich die beiden Flügel des Friedensgedächtnismuseums an.

Vor dem Museum ist der Gebetsbrunnen. Dahinter liegen auf gerader Linie in nördlicher Richtung die Hauptgedenkstätte der Atombombenopfer, die Friedensflamme und, auf der anderen Seite des Motoyasu, der Atombombendom. Dieses Gebäude in unmittelbarer Nähe des Shima-Krankenhauses, das im Hypozentrum der Explosion stand, war eines von drei Gebäuden, deren ausgebrannte Mauern teilweise stehen blieben, da die Druckwelle sie fast direkt von oben traf. Es war eine repräsentative Ausstellungshalle der Präfektur Hiroshima für die Industrieförderung. Ob der wegen seines Kuppeldachs schon bald so genannte Atombombendom (*Genbaku dōmu*) abgerissen werden oder stehen bleiben sollte, war lange umstritten, aber schließlich setzte sich die Fraktion derer durch, die für seine Bewahrung als Mahnmal eintraten. 1967 wurden durch Spenden finanzierte notwendige Bauarbeiten zur Stabilisierung der Ruine durchgeführt. 1987 brachte eine erneute Spendenaktion fast das Doppelte der für die Erhaltung der Bausubstanz veranschlagten 200 Millionen Yen ein. Der Überschuss kam in einen für künftige Restaurierungsarbeiten geschaffenen Fonds, Ausdruck des kollektiven Willens der Spender, den Atombombendom als Symbol des Friedens und Zeugnis der Schrecken nuklearer Waffen für kommende Generationen zu erhalten.

Denkmäler

Die Hauptgedenkstätte in der Mitte des Parks, das Ehrenmal der Stadt Hiroshima, konnte erst nach Beendigung der amerikanischen Besatzung gebaut werden. Sie wurde am 6. August 1952 eingeweiht. Der einfache von Kenzo Tange entworfene Betonbogen erinnert an die Grabhügel der Haniwa-Tonfiguren aus der Kofun-Epoche (3. bis 7. Jahrhundert u. Z.). Unter dem Bogen liegt ein steinerner Sarkophag, in dem ein Register mit den Namen der Atombombenopfer aufbewahrt wird. Jahrzehntelang ist die Liste am 6. August mit den Namen zwischenzeitlich an Strahlungsfolgen Verstorbener ergänzt worden. Der Sarkophag trägt eine Inschrift, die dem doppelten Zweck des Parks wie des Denkmals Ausdruck geben soll, als Stätte der Erinnerung und des Aufrufs zum Frieden:

«Ruhet in Frieden, denn wir werden die Fehler nicht wiederholen» *yasuraka ni nemutte kudasai, ayamachi ha kurikaeshimasenu kara.*

Die vom Friedensgedächtnismuseum herausgegebene Broschüre deutet den Sinn der Inschrift als «Ausdruck des festen Willens der Stadt, den Schmerz der Vergangenheit zu ertragen und jenseits von Zorn und Hass unermüdlich für eine Welt zu arbeiten, in der Frieden und Wohlstand gedeihen».[1]

Die japanische Formulierung ist in einem wichtigen Punkt noch weniger eindeutig als die Übersetzung, da japanische Sätze nicht unbedingt ein Subjekt brauchen. Schon aus der deutschen Formulierung – «wir werden die Fehler nicht wiederholen» – geht nicht hervor, wer spricht bzw. die Fehler begangen hat und nicht wiederholen wird. Das japanische *kurikaeshimasenu*, «nicht wiederholen», ist im Bezug auf die grammatische Person, die nicht unbedingt «wir» zu sein braucht, noch unbestimmter. Das hat zu kontroversen Kommentaren Anlass gegeben. Der erste prominente Kritiker des Wortlauts war der indische Richter Radhabinod B. Pal, der den Park 1952 besuchte.[2] Falls sich «Fehler» auf die für die Bombardierung Verantwortlichen bezöge, bemerkte er, so sei deren Schuld noch nicht gesühnt. Bezöge es sich hingegen auf den japanischen Angriffskrieg, so müsste der im Zusammenhang mit der Invasion Asiens durch die westlichen Kolonialmächte gesehen werden.[3] Die von der Stadt Hiroshima verbreitete Interpretation der Inschrift sieht von diesen Zusammenhängen jedoch ab. Sie macht die Inschrift zu einem universellen Appell, einer quasi-religiösen Beschwörungsformel: «Stellvertretend für die ganze Menschheit geloben wir, die wir hier vor dem Grabmal unser Haupt verneigen, die Fehler der Vergangenheit nicht zu wiederholen.» Diese Interpretation entspricht der Absicht der Stadt, das Gedenken mit einem Aufruf zum Frieden zu verbinden und auf eine politische bzw. moralische Bewertung der Bombardierung und der Ereignisse, die ihr vorausgingen, zu verzichten. Grundlegend ist die

Überzeugung, dass die Atombombe nicht eine Waffe wie andere ist, sondern dass das Kriegführen durch sie eine neue, gattungsbedrohende Qualität erlangt hat, die den Frieden zu einem unabweisbaren Imperativ macht.

In der Beschränkung auf die Nennung eines anonymen, nicht zuordenbaren «Fehlers» vermissten jedoch manche Kommentatoren eine deutliche Klage über den unmenschlichen Einsatz der Bombe. Zahlreiche andere Monumente im Park zeugen davon, dass weite Teile der Bevölkerung so denken. Diese Monumente, die an einzelne Aspekte der Bombardierung und an einzelne Gruppen erinnern, sind im ganzen Park verteilt. Neben dem Dom und einer Anlegestelle der Rundfahrtschiffe ist ein Gedenkstein der alten Aioi-Brücke. An der Nordspitze des Parks stehen ein Friedensuhrturm, eine Friedensglocke und ein Gedenkpfeiler für an den Folgen der Atombombe Gestorbene. Ein Stück weiter südlich folgen die Steinlaterne des Friedens, der Gedächtnisturm zum Trost der Atombombenopfer, ein Standbild der gnädigen Friedensgöttin Kannon, der Atombombengedächtnishügel, bombardierte Grabsteine, der Friedensbrunnen und das Friedensmonument der Kinder.

Dieses auch als Turm der Papierkraniche bekannte Denkmal erinnert an Sadako Sasaki, ein Mädchen, das bei der Bombardierung zwei Jahre alt war und später an Leukämie erkrankte. Bevor sie 1955 starb, faltete sie in der Hoffnung auf Genesung über 1000 Papierkraniche, in Japan ein Symbol langen Lebens. Nach ihrem Tod begannen Sadakos Mitschüler eine Sammelaktion, um ihr ein Denkmal zu setzen. Ihr Aufruf traf überall in Japan auf Widerhall. Das Ausmaß der Spätfolgen der Bombe wurde erst langsam bekannt, da japanischen Wissenschaftlern und Ärzten während der Besatzungszeit – bis 1952 – der Zugang zu Daten über die Strahlungswirkung, die der medizinischen Behandlung hätten dienlich sein können, von den Besatzungsbehörden verwehrt war.[4] Die Geschichte eines kleinen Mädchens, das zehn Jahre nach Kriegsende, als alles wieder aufwärts ging, der Bombe zum Opfer fiel, wirkte in der Öffentlichkeit wie ein Katalysator für das Bewusstsein nicht nur von ihrer unmittelbaren Zerstörungskraft, sondern ihres unmenschlichen Charakters. Mit Spenden aus dem ganzen Land wurde 1958 ein Monument errichtet. Auf der Spitze einer dreifüßigen Betonkonstruktion steht die Bronzestatue eines jungen Mädchens, das einen großen Papierkranich über dem Kopf hält, Symbol der Hoffnung der Kinder auf eine friedliche Zukunft. Heute ist das Denkmal ein Wallfahrtsort insbesondere für Schulkinder, die auf Klassenfahrten nach Hiroshima kommen. Sie bringen lange Ketten aus Papierkranichen an diesen Ort, dessen Geschichte zu einem zentralen Element ihres «Hiroshimaerlebnisses», ihrer Erinnerung an Hiroshima wird.

Die Hauptgedenkstätte mit der Flamme wird vom Friedensteich umgeben, westlich davon befindet sich die Statue der Friedensgebete. Weitere Gebetsmonumente für Frieden finden sich an fünf anderen Stellen im Park verstreut. Gedenksteine erinnern an die ehemaligen Stadtbezirke Nord-Tenjin und Süd-Tenjin, ein anderer an den Bezirk Zaimoku. Andere Denkmäler erinnern an Bauarbeiter und Handwerker, Gewerkschaftsmitglieder einer Versicherungsgruppe, die Angestellten einer Kohle-Fabrik, die Hiroshima-Gasgesellschaft, die Holzbewirtschaftungsgesellschaft, die städtische Mädchenoberschule, die zweite Mittelschule, die Lehrer und Schüler der staatlichen Grundschulen, die städtische Schule für Handel und Schiffbau, ein Freiwilligencorps der Armee und die Opfer des Amts für öffentliche Bauarbeiten von Chugoku und Shikoku. Für Friedens-Haiku gibt es ein eigenes Denkmal; der Dichter Sankichi Toge, der 1953 den Folgen der Bombe erlag, wird mit einem solchen geehrt wie auch der Schriftsteller Tamiki Hara, der die Bombardierung überlebte, darüber schrieb und sich 1951 das Leben nahm. Das einzige andere Monument für eine Person ist Marcel Junod gewidmet, einem Schweizer Arzt, der als Mitglied einer Delegation des Roten Kreuzes im August 1945 nach Japan kam und sich ab dem 9. September in Hiroshima an Hilfsmaßnahmen beteiligte.

Die Opfer

Die Gedächtnislandschaft, die der Park heute darstellt, nahm erst im Laufe der Jahre Gestalt an. Dabei erwies sich die Absicht, eine unpolitische, nur dem Frieden verpflichtete Gedenkstätte zu bauen, immer wieder als illusorisch. Bis Ende 1945 war die Zahl der Toten von Hiroshima auf über 140000 gestiegen. In den folgenden Jahren kamen noch Zehntausende dazu. Das Schicksal hat sie im Tod vereint, aber nicht gleich gemacht. Das Bedürfnis der Hinterbliebenen, ihrer nicht nur kollektiv zu gedenken, ließ es nicht zu. Exemplarisch zeigen das zwei Monumente für koreanische Opfer der Bombe, die nach etlichen Kontroversen erst spät errichtet wurden: eine den nach Nordkorea repatriierten Überlebenden gewidmete Uhr, die vor dem Friedensgedächtnismuseum steht, und eine auf einer steinernen Schildkröte ruhende Stele.

Schätzungsweise zehn Prozent der 350000 bis 400000 Menschen, denen der Angriff der Atombombe auf Hiroshima galt, waren Koreaner. Von 1910 bis 1945 stand Korea unter japanischer Herrschaft. Das Kolonialregime war hart und wurde von der koreanischen Bevölkerung nie akzeptiert. Gegen ihren Willen zu Untertanen des japanischen Kaisers gemacht, wurden viele Koreaner während des Krieges zur Zwangsarbeit nach Japan verbracht, auch nach Hiroshima und Nagasaki. Verlässliche Zahlen über die Wohnbevölkerung der beiden Städte Anfang August 1945 gibt es nicht, so dass sich auch der koreanische Bevölkerungsanteil nicht genau beziffern lässt. Schätzungen rechnen mit 20000 bis 30000 koreanischen Atombombentoten in Hiroshima und Nagasaki. Ihre offizielle Anerkennung als eigene Gruppe erfolgte erst nach langem zähen Kampf um einen Platz im kollektiven Gedächtnis; ein Kampf, der an die Auseinandersetzung zwischen den Opfern des Faschismus in Deutschland erinnert: Soll der ermordeten Sinti und Roma mit dem Holocaust-Mahnmal in Berlin auch gedacht werden, oder soll es allein den Opfern des Antisemitismus gewidmet sein?

Bis 1990 wurden die koreanischen Opfer bei den alljährlichen

Gedenkfeierlichkeiten am 6. August nicht eigens erwähnt. Die Koreaner sahen darin, ebenso wie in der Tatsache, dass es lange kein Denkmal für die koreanischen Opfer gab, eine Fortsetzung der Diskriminierung in der Kolonialzeit, unter der sie auch im Nachkriegsjapan litten, wo den nicht repatriierten Koreanern die japanische Staatsbürgerschaft aberkannt wurde und sie als Bürger zweiter Klasse lebten. Die oft geforderte Errichtung eines solchen Denkmals wurde aus verschiedenen Gründen immer wieder hinausgezögert.[5] Schließlich beschloss die Stadt Hiroshima, wegen drohender Überfüllung keine weiteren Denkmäler im Park mehr zu genehmigen. Daraufhin errichtete die Interessenvertretung der sich Südkorea verbunden fühlenden koreanischen Minderheit *Mindan* 1970 außerhalb des Parks, auf der anderen Seite der Friedensbrücke, ein separates Denkmal für die koreanischen Opfer der Atombombe (*Kankokujin genbaku giseisha irei hi*). Die in der Inschrift auf der Stele verwendete Bezeichnung *Kankokujin* bezieht sich gewöhnlich auf Südkoreaner, weswegen sich Nordkoreaner bzw. die sich mit ihrem Staat identifizierenden Angehörigen der koreanischen Minderheit ausgeschlossen fühlen, obwohl die ebenfalls auf dem Monument angebrachte englischsprachige Inschrift nur von den *Korean victims* spricht und sich somit lediglich auf die Ethnie, nicht auf einen Staat bezieht.

Für viele Angehörige der koreanischen Minderheit repräsentiert die Lage des Gedenksteins außerhalb des Parks ihre marginalisierte Position in der japanischen Gesellschaft. Nach Kriegsende kamen sie zwischen die Räder der Geschichte, obwohl Japans Kapitulation für Korea die Befreiung bedeutete. Die japanische Regierung betrachtete den Friedensvertrag von 1952 als Schlussstrich unter die Kolonialvergangenheit und lehnte jede weitere Verantwortung für die bis 1945 japanischen Untertanen koreanischer Abstammung ab. Für die koreanischen Überlebenden der Atombomben bedeutete das eine zusätzliche Härte. Um finanzielle Unterstützung oder auch nur medizinische Hilfe konnten sie sich weder an Amerika noch an Japan noch an die beiden neuen koreanischen Staaten wenden. In Japan hatten es auch die japanischen Atombombenopfer schwer, Hilfe vom Staat zu bekommen. Unmittelbar nach der Bombardierung war er zu groß angelegten Hilfsaktionen nicht mehr in der Lage, und nach Kriegsende verhinderte die restriktive amerikanische Informationspolitik die Verbreitung einschlägiger Kenntnisse. *Hibakusha*, die keine äußerlichen Verletzungen davongetragen hatten, wurden nicht als Opfer anerkannt, die übrigen nicht anders behandelt als andere Kriegsverletzte. Erst 1957 wurde ein Gesetz für die medizinische Versorgung der Atombombenopfer verabschiedet. Da seine Geltung auf japanische Staatsangehörige beschränkt war, konnten nicht-naturalisierte Koreaner die danach gewährte Unterstützung lange nicht in Anspruch nehmen, insbesondere nicht die Repatriierten. Noch 1993 richtete eine in Hiroshima veranstaltete Friedenskonferenz einen Appell an die Regierung in Tokyo, alle Gesetze zur Unterstützung der Atombombenopfer von Staatsangehörigkeitsbedingungen zu befreien, um den Koreanern den Zugang zu erleichtern. Auch die Möglichkeit, vom japanischen Staat gewährte Renten für Atombombenopfer im Ausland zu empfangen, musste in jahrelangen Prozessen erstritten werden.

Für die Koreaner war der jahrzehntelange Ausschluss aus dem offiziellen Gedächtnis ein schmerzlicher Ausdruck ihrer Diskriminierung, die nicht nur eine symbolische Kränkung, sondern auch handfeste materielle Nachteile bedeutete. Aus japanischer Sicht ist damit noch eine andere Problematik verbunden. Die Einäscherung Hiroshimas und Nagasakis traf fast ausschließlich unschuldige Zivilisten. Unter den 70 000 Toten von Nagasaki etwa waren 250 Soldaten. Hiroshima hatte wichtige militärische Einrichtungen, aber die Masse der Opfer waren auch hier Zivilisten, unter ihnen die koreanischen Zwangsarbeiter. Sie warfen einen Schatten auf das Bild der reinen Unschuld, die der blinden Gewalt zum Opfer gefallen war. In der Stadt befanden sie sich weder aus freien Stücken noch weil sie da geboren waren, sondern weil man sie dazu gezwungen hatte. Sie waren Zeugen eines Unrechtsregimes und erinnerten daran, dass, wenn auch die Bomben Unschuldige trafen, die dahinter liegenden Verhältnisse kompliziert waren. Die koreanischen *Hibakusha* waren doppelte Opfer, Opfer einer ungerechten und grausamen Herrschaft und Opfer einer unmenschlichen Waffe. Sie verkörpern den Umstand, dass Japan selbst etwas gutzumachen hatte, was von der japanischen Regierung jedoch lange abgelehnt wurde.

Die koreanischen Atombombenopfer lenken den Blick auf die Vielschichtigkeit der Erinnerung, um die es hier geht, und machen es schwer, sie nur in schwarz und weiß zu schildern. Mehr noch als die Stadt betrifft das den japanischen Staat, der, nachdem er die *Hibakusha* jahrelang ignoriert hatte, das Gedenken an die nukleare Zerstörung schließlich zu seiner Sache machte. Seit Anfang der 1960er-Jahre gehört die Rede von «der einzigen vom Atomtod heimgesuchten Nation» zu den Gemeinplätzen japanischer Politiker. Aus Hiroshima und Nagasaki ist die ganze Nation geworden, und zu der gehört die koreanische Minderheit im Verständnis der japanischen Machtelite nicht. Die koreanischen *Hibakusha* stören das Bild der unschuldigen Opfernation, da sie zu zahlreich sind, um im Gedenken an die Atombomben als zufällige in der Stadt anwesende Fremde übergangen werden zu können.

Das Friedensgedächtnismuseum

Ebenso wie die Einrichtung des Parks wurde das Friedensgedächtnismuseum auf Grund des 1949 verabschiedeten Gesetzes zum Wiederaufbau Hiroshimas als Friedensgedächtnisstadt errichtet. Seinen Kern bildete die Sammlung aus den Trümmern geborgener Materialien, die eine Bürgergruppe zusammengetragen hatte. Zehn Jahre nach der Bombardierung wurden das Museum und das Dokumentationszentrum eröffnet. Seither wächst die Sammlung von Gegenständen und Dokumenten ständig an. Seit Mitte der 1990er-Jahre sind beide in zwei großen modernen, miteinander verbundenen Gebäuden untergebracht, in dem langgestreckten, auf Stelzen stehenden Westflügel das Museum und in dem vierstöckigen Ostflügel die Gedächtnishalle mit Bibliothek, Videosälen, Versammlungsräumen, Büros und weiteren Ausstellungsräumen. In der Eingangshalle des Ostflügels steht zur Einführung folgende Botschaft:

Hiroshima ist eine Stadt, auf die eine Atombombe geworfen wurde.
Hiroshima ist eine Stadt mit vielen Gedenkstätten für die vielen Toten.
Hiroshima ist eine Stadt, die sich dauerhaft um Frieden bemüht.
Seht, bitte, die Entwicklung Hiroshimas im letzten Jahrhundert.
Ferne Erinnerungen, bittere Reue und die Warnungen vergangener Zeiten.
Seht, bitte, was die Atombombe brachte.
Leid, Schmerz, Zorn und den Blick in eine ungewisse Zukunft.
… Hiroshima – wird die Flamme der Hoffnung im nuklearen Zeitalter
hochhalten.

Im Westflügel ist der größte Teil der Materialien ausgestellt, die die
Verwüstung der Stadt dokumentieren. Neben einer großen Pano-
ramaansicht der zerstörten Stadt werden die verschiedenen von
der Bombe bewirkten Schäden im Detail dargestellt: Die Hitze-
strahlen verursachten im Umkreis von 3,5 Kilometern vom Hypozentrum Verbrennungen. Die Druckwelle von mehreren hunderttausend Hektopascal zerdrückte praktisch alles, was aufrecht
stand. Der sofort nach der Explosion ausbrechende Feuersturm
verbrannte alles im Umkreis von zwei Kilometern und vernichtete
insgesamt über 70 000 Häuser, darunter 80 Prozent aller Kranken-
häuser der Stadt. Die radioaktive Strahlung führte bei all den Menschen im Umkreis von 900 Metern, die nicht verbrannten, zu Verletzungen, denen sie binnen weniger Tage erlagen. Bei vielen anderen Menschen, die weiter weg waren, verursachte sie diverse
Krankheiten, die erst zwei bis zehn Jahre später auftraten und zum
Tod führten. Die Ausstellung zeigt weiterhin die Rettungsarbeiten
in den Tagen nach der Bombardierung. In der großen Halle an der
Nordseite des Westflügels gibt es an einer Ausstellungswand
schriftliche Zeugnisse Überlebender, an einer anderen Friedens-
botschaften von Besuchern. Dazwischen ist ein Ruhebereich der
Reflexion, der von vielen Besuchern, die diese Ausstellung sprach-
los lässt, aufgesucht wird.
    Die Exponate sind übersichtlich, sauber, ordentlich und gut be-
schriftet. Das unterscheidet sie von der früheren Ausstellung, die
weniger professionell und deshalb in der Wirkung unmittelbarer
war. Ein weiterer wichtiger Unterschied ist, dass die Dokumentation der verwüsteten Stadt heute anders als früher in einen histori-

schen Zusammenhang gestellt wird. Auf Fotos sieht man nicht nur die Stadt vor und nach der Bombardierung, sie reichen auch weiter zurück und zeigen Hiroshima als Stadt im Krieg, wo es Werften der Firmen Mitsubishi und Tōyō Kōgyō (heute: Mazda) gab, auf denen Kriegsschiffe gebaut wurden; von wo aus Soldaten nach China eingeschifft wurden; wo zur Feier der Einnahme Nankings im Dezember 1937 ein Laternenumzug stattfand. Die Unterschrift zu diesem Bild lautet:

Am Anfang des Krieges mit China besetzte die japanische Armee viele chinesische Städte. Im Dezember 1937 nahm sie die damalige Hauptstadt Nanking ein. Die Besetzung dieser wichtigen Stadt wurde von den Japanern bejubelt, die den in China wütenden Krieg als heiligen Kreuzzug betrachteten. Die Bevölkerung Hiroshimas feierte mit einem Laternenumzug. In Nanking aber wurden Zig-, wenn nicht Hunderttausende Chinesen von der japanischen Armee massakriert. In China schätzt man die Anzahl der Opfer auf 300 000.

So offen hat sich der japanische Staat niemals zu dem Massaker von Nanking geäußert, und viele seiner Amtsträger leugnen es bis heute.[6] Zur Historisierung der Ausstellung konnten sich die Kuratoren lange nicht durchringen. Erst in dem Neubau gingen sie daran, den Blick des Betrachters außer auf die entsetzlichen Relikte auch auf den Hintergrund zu lenken, vor dem es zur Zerstörung der Stadt kam. Damit begegneten sie dem Vorwurf, der Usurpation der Opferrolle Hiroshimas[7] durch den japanischen Staat Vorschub zu leisten und dazu beizutragen, Unterdrückung und Militarismus in der Erinnerung an den Krieg an den Rand zu drängen.

Das Museum ist ein Schrein des Friedens im Zentrum einer Stadt, die ihre leidvolle Erfahrung zum Anlass nimmt, aktiv für Frieden zu werben und diese Botschaft in die Welt hinauszutragen. Zu diesem Zweck über die Bewahrung des Gedenkens an den nuklearen Holocaust hinauszugehen, war nicht von Anfang an möglich. Zehn Jahre dauerte es, bis dieser Erinnerung, deren öffentliche Zurschaustellung während der Besatzungszeit unterdrückt wurde, überhaupt in Gestalt eines Museums Form verliehen wurde. Zunächst nahm die Darstellung der Katastrophe den ganzen Raum ein, die Beschäftigung mit der geschichtlichen Einbettung Hiroshimas folgte erst Jahrzehnte später. Auf dem Weg dorthin erwiesen sich der Friedenspark und das Friedensmuseum wiederholt als heiß umkämpfte Orte der Erinnerung, was die verschiedenen Kontroversen um einzelne Gedenkstätten manifestierten.

Washington

Auch in Amerika wird die Erinnerung an den Abwurf der Atombombe auf Hiroshima wach gehalten, auch dort gibt es bestimmte Orte, an denen das geschieht. Der Blick auf das historische Ereignis ist ein anderer; die Aspekte, die der Eintragung in das kollektive Gedächtnis und der Weitergabe an künftige Generationen für wert erachtet werden, sind nicht die, die in Hiroshima hervorgehoben werden. Hiroshima ist hier weniger eine Etappe der Menschheitsgeschichte als Teil der amerikanischen Geschichte.

Das Nationalmuseum für Luft- und Raumfahrt

In der Gedächtniskultur hat die Atombombe auch in den USA Anlass zu Kontroversen gegeben, die freilich von außen kamen. Einer der Orte, an dem sie ausgetragen werden, ist das Luft- und Raumfahrtmuseum in Washington. Es ist das populärste der verschiedenen Museen der Stadt, die unter der Dachorganisation der Smithsonian Institution zusammengefasst sind. Das zentral gelegene Technikmuseum zelebriert die Erfolge der amerikanischen Luftfahrt vom Flyer der Gebrüder Wright aus dem Jahre 1903 über alle Stationen der zivilen Luftfahrt bis zu den Gemini- und Apollo-Kapseln der Weltraumforschung und Interkontinentalraketen für die Beförderung von Massenvernichtungswaffen. Eines der größten und teuersten Ausstellungsstücke ist die Enola Gay, ein Bomber des Typs B-29-45-MO mit der Seriennummer 44-86292.

Nachdem sich die Maschine über Hiroshima zum Transport von Atombomben als tauglich erwiesen hatte, wurde sie noch einige Jahre für Tests im Pazifik verwendet, um 1949 ausgemustert zu werden. Bis 1961 stand das Superfortress auf dem Luftwaffenstützpunkt Andrews im Bundesstaat Maryland. Danach wurde es unter Dach gelagert. 1984 entschloss sich die Smithsonian Institution dazu, das Flugzeug wegen seiner historischen Bedeutung wieder instand zu setzen. Für das größte Restaurationsprojekt, das je vom Luft- und Raumfahrtmuseum unternommen worden war, wurden sieben bin neun Jahre veranschlagt. Die Arbeiten wurden rechtzeitig für die Ausstellung zum fünfzigsten Jahrestag des Kriegsendes abgeschlossen.

Um diese Ausstellung entbrannte schon im Vorfeld eine stark emotionalisierte Auseinandersetzung. In der Absicht, neben Modellen der Bomben und dem Transportflugzeug auch die Ziele darzustellen, hatten die Kustoden der Ausstellung 1993 das Friedensgedächtnismuseum in Hiroshima und das Atombombenmuseum in Nagasaki um Zusammenarbeit gebeten. Beide Museen wollten Exponate zur Verfügung stellen. Der Plan der für 1995 geplanten Ausstellung wurde jedoch unmittelbar nach seinem Bekanntwerden zum Gegenstand heftiger Kritik der amerikanischen Veteranenverbände und konservativer Politiker. Zunächst wurde daraufhin eine Säuberung vorgenommen. Fünf der von Nagasaki geliehenen Objekte sollten nicht gezeigt werden: ein geschmolzener Rosenkranz, ein Marienbild, ein Kinderkleid, zerfetzte Kleider und eine Radiosonde, die abgeworfen worden war, um die Wirkung der Bombe zu messen. Christliche Artefakte unter den Exponaten störten das Feindbild; Kinderkleider lenkten den Blick auf das von der Bombe angerichtete menschliche Leid; und die Radiosonde würde bei manchem Betrachter die Frage aufkommen lassen, ob die Bombe nicht anderen Zwecken diente als der raschen Beendigung des Krieges.

Schließlich genügte aber auch die Entfernung der genannten Gegenstände den Kritikern des Plans nicht. Selbst der amerikanische Kongress befasste sich mit der Angelegenheit. Die ganze Konzeption, in der Ausstellung beide Seiten – die Geber und die

Empfänger der Bombe – zu berücksichtigen, wurde verworfen. Der patriotischen Lobby gelang es, die Ausstellung zu verhindern, da sie nicht ausschließlich unter dem Vorzeichen der noblen Motive stand, die in Amerika mit der Erinnerung an die Atombomben verbunden sind. Ausgestellt wurde allein der restaurierte Rumpf der Enola Gay.

Vor einem Unterausschuss des Repräsentantenhauses gelobte der Generalsekretär der Smithsonian Institution, Michael Hayman, dass man sich im Zusammenhang mit der Enola Gay «auf die Darstellung der Tatsachen beschränken» würde. Es kam jedoch anders. Als das Flugzeug am 28. Juni 1995 im Luft- und Raumfahrtmuseum der Öffentlichkeit präsentiert wurde, hieß es im Begleittext: «Die Bombardierung Hiroshimas und Nagasakis verursachte die Zerstörung großer Teile dieser Städte mit Zehntausenden von Toten.» Angesichts der bekannten Zahlen ist das eine massive Untertreibung. Zu dem Zeitpunkt galt die in offiziellen japanischen Dokumenten geführte Gesamtzahl von mehr als 300 000 Opfern als gesicherte Erkenntnis (fast drei mal so viele wie amerikanische Gefallene während des gesamten Pazifischen Krieges). Im gleichen Text hält das Museum an der offiziellen amerikanischen Lesart der Geschichte fest: «Der Einsatz der Bomben führte zur sofortigen Kapitulation Japans und machte die geplante Invasion unnötig.»[8] Soweit die Ausstellung überhaupt zu militärischen und politischen Aspekten des Einsatzes der Enola Gay Stellung nahm, blieb sie im Rahmen der orthodoxen Lehre, nach der die Bombardierung Hiroshima unvermeidlich war und summa summarum Leben rettete. Dass die Meinungen hierzu schon vor der Bombardierung geteilt waren, blieb unerwähnt.

Die Botschaft der Enola Gay-Ausstellung war eine doppelte: Die Maschine und die Bombe, die mit ihr transportiert wurde, waren Meilensteine wissenschaftlich-technischer Entwicklung, und ihr Einsatz war segensreich.

Von 1995 bis 1998 wurde nur der restaurierte Rumpf der Enola Gay ausgestellt. Für das ganze Flugzeug waren die Räumlichkeiten des Luft- und Raumfahrtmuseums in der Washingtoner

Innenstadt zu klein. Inzwischen ist das Museum um das Steven F. Udvar-Hazy Center außerhalb der Stadt erweitert worden. Dort ist seit dem 20. August 2003 die völlig wiederhergestellte und zusammengebaute Enola Gay zu sehen. Die Informationstafel weist darauf hin, dass das Flugzeug für den Abwurf der ersten Atombombe verwendet wurde, erwähnt aber keine Opfer. Im Steven F. Udvar-Hazy Center ist die Enola Gay eines von 200 Flugzeugen einer Ausstellung zur amerikanischen Luftfahrttechnologie. Anlässlich der Enthüllung der wiederhergestellten Maschine sagte Museumsdirektor General a. D. Jack Dailey:

Dies ist ein Technikmuseum. Wir konzentrieren uns auf die Bedeutung der Artefakte für die Entwicklung der Technologie in der Luft und im Weltraum und in der Geschichte unseres Landes. Wir überlassen es den einzelnen Betrachtern, sie gemäß ihrer Überzeugung in einen Kontext zu stellen.[9]

Die Enola Gay, ein technischer Meilenstein. Warum gerade dieses Flugzeug ausgestellt wird, bleibt jedoch eine offene Frage. B-29 Bomber gab es in großer Zahl. Wäre es allein um die Technik gegangen, hätte irgendeiner ohne eine besondere Geschichte ausgestellt werden können. Die Entscheidung für die Enola Gay wurde, insbesondere in Japan, vielfach als Bekräftigung der Meinung verstanden, dieses Flugzeug verdiene als etwas ausgestellt zu werden, worauf Amerika stolz sein kann.

Die neue Ausstellung rief sogleich japanische Opferorganisationen auf den Plan. Im Dezember 2003 reisten der Generalsekretär des Verbandes der Organisation der Leidtragenden der Atombombe der Präfektur Hiroshima, Sunao Tsuboi, und der Generalsekretär des japanischen Verbandes der Organisationen der Leidtragenden der Atom- und Wasserstoffbomben, Terumi Tanaka, nach Washington, um der Museumsleitung Briefe und eine Petition mit mehr als 25 000 Unterschriften zu übergeben. Tsuboi, ein Überlebender von Hiroshima, und Tanaka, der am 9. August 1945 in Nagasaki war, wurden von General a. D. Dailey nicht empfangen. In Washington konnten sie lediglich vor der Presse ihre Sicht der Dinge bekannt machen. Tsuboi sagte:

Wenn die Enola Gay ausgestellt wird, dann sollten Sie auch zeigen, was geschah, als sie die Bombe abwarf. Mit anderen Worten, Sie sollten die historischen Hintergründe der Bombardierung zeigen. Aus unserer Sicht ist die Enola Gay kein Symbol technologischen Fortschritts, sondern das Symbol des Bösen.[10]

Die Perspektiven sind unvereinbar. Es sind auf unterschiedliche Erfahrungen zurückgehende Perspektiven, die der nationalen Geschichtsschreibung verpflichtet sind. Im amerikanischen Nationalmuseum für Luft- und Raumfahrt wird die Enola Gay primär als Zeugnis amerikanischer technischer Leistungsfähigkeit präsentiert. Es pflegt die Technikbegeisterung als Ausdruck amerikanischen Pioniergeists. Die Technik wird als an sich neutral dargestellt, nicht als eine Kraft, die ihren eigenen Gesetzen folgt und den Menschen Verhaltensweisen aufzwingt. Entscheidend ist aus dieser Sicht nur, wer sie beherrscht, die Kräfte des Guten oder die des Bösen. Aus amerikanischer Sicht – soweit das Nationalmuseum für Luft- und Raumfahrt sie widerspiegelt – ist die Enola Gay ein Werkzeug, das es der amerikanischen Regierung erlaubte, in einem gerechten Krieg einem aggressiven und tyrannischen Regime den letzten Stoß zu versetzen.

Andere Orte

Die Betonung der Technik kennzeichnet auch andere Gedenkstätten in den Vereinigten Staaten. Auf dem Gelände der Universität von Chicago erinnert eine monumentale Bronzeskulptur von Henry Moore mit dem Titel *Nuclear Energy* an die von Enrico Fermi und seinem Physikerteam des Manhattan-Projekts im Dezember 1942 herbeigeführte erste Kettenreaktion.

In White Sands, einem großen Schießplatz im Bundesstaat New Mexico, erinnert eine Plakette an das Projekt Trinity. Die Dreifaltigkeit diente der ersten erfolgreichen Testzündung einer Atombombe am 16. Juli 1945 als Kodename.

Die Los Alamos National Laboratories, wo der größte Teil der Forschungsarbeiten des Manhattan-Projekts durchgeführt wurde, erinnern mit ihrem Namen als Ganzes an die Entwicklung der Atombombe. Im Oktober 1945 überbrachte General Groves eine Urkunde der Regierung, in der es hieß:

Diese Urkunde wird den Labors von Los Alamos für wertvolle Dienste verliehen, die sie der Nation bei Arbeiten erwiesen, die für die Herstellung der Atombombe entscheidend waren, womit sie wesentlich zur erfolgreichen Beendigung des Zweiten Weltkriegs beigetragen haben.
Gez. Robert P. Patterson, Stellvertretender Kriegsminister,
Henry L. Stimson, Kriegsminister

Die Urkunde wird bis heute in Los Alamos bewahrt. Was Robert Oppenheimer, der nach Bekanntwerden der Verheerung von Hiroshima als Direktor der Laboratorien zurücktrat, bei der Gelegenheit sagte, ist weniger bekannt:

Ich nehme diese Urkunde mit Anerkennung und Dankbarkeit für die Los Alamos Labors entgegen, für die Männer und Frauen, deren Arbeit und deren Herzen diese Labors sind. Wir hoffen, dass wir dieses Schriftstück und das, wofür es steht, in Zukunft mit Stolz betrachten werden.
Heute muss der Stolz durch große Sorge gemindert werden. Wenn Atombomben als neue Waffen den Arsenalen einer kriegerischen Welt oder denen von Ländern, die sich auf Krieg vorbereiten, hinzugefügt werden, dann wird die Zeit kommen, wo die Menschheit die Namen Los Alamos und Hiroshima verfluchen wird.[11]

Oppenheimer hatte erkannt, dass diejenigen, die mit der Vernichtungstechnologie für die Freiheit kämpfen, in der Furcht vor ihrer eigenen Technologie leben würden. Auf die Technologiegläubigkeit Amerikas und darauf, die Atombombe primär als technische Leistung zu erinnern, hatte diese Einsicht wenig Einfluss.

III. Hiroshima in den Medien

Zeitungen

Die Nachricht von der Zerstörung Hiroshimas ging schnell um die Welt, aber Berichte aus den Ruinen gab es kaum. Die strategische und historische Bedeutung der neuen Waffe wurde sofort erkannt und in der Presse diskutiert, die Auswirkungen für die leidtragende Bevölkerung dabei aber weitgehend ausgeblendet. Der Darstellung in den Zeitungen des besetzten Deutschlands ist der allgemeine Tenor zu entnehmen. Sie unterstanden im August 1945 der Zensur der Alliierten und brachten über das Kriegsgeschehen in Fernost praktisch nur amerikanische und britische Agenturmeldungen.

Der in Berlin erscheinende *Morgen*, die Tageszeitung der Liberal-Demokratischen Partei Deutschlands, brachte am 8. August unter der Überschrift «Zum erstenmal Atombomben auf Japan» eine Meldung von Reuter aus Washington, in der es hieß:

Vor sechzehn Stunden warfen amerikanische Flugzeuge die größte bisher in der Geschichte des Krieges verwendete Bombe – die Atombombe, die stärker ist als 20 000 t Dynamit – auf die japanische Armeebasis Hiroshima ab, gab Präsident Truman bekannt. Die Bombe hat mehr als das Zweitausendfache der Sprengwirkung der britischen «Grand Slam»-Bombe, die bisher die stärkste Bombe der Welt war.

Truman führte aus: «Mit dieser Bombe haben wir jetzt eine neue revolutionäre Steigerung der Zerstörung als Ergänzung der zunehmenden Stärke unserer Streitkräfte hinzugefügt. In ihrer gegenwärtigen Form befinden sich diese Bomben jetzt in der Produktion, während sogar noch stärkere Formen entwickelt werden.[1]

Der Rest des Artikels spricht über die britisch-amerikanische Zusammenarbeit bei der Entwicklung der Bombe und darüber, dass «der Krieg in den Laboratorien gewonnen wird».

Am folgenden Tag brachte dieselbe Zeitung einen kurzen Bericht von Associated Press:

Radio Tokio gab in einer Rundfunksendung, die von der American Broadcasting Company abgehört wurde, am Mittwoch zu, dass die Atombombe, die auf Hiroshima abgeworfen wurde, alle lebenden menschlichen Wesen und Tiere buchstäblich verbrannte.[2]

Die *Deutsche Volkszeitung*, Zentralorgan der Kommunistischen Partei Deutschlands, berichtete am 8. August – von geringfügigen redaktionellen Unterschieden abgesehen – genauso wie der *Morgen* von der Bombardierung Hiroshimas.

Washington, 6. August. Eine Atombombe, die die Wirkung einer 20 000-t-Dynamitbombe hat, wurde heute zum ersten Male auf Japan abgeworfen. Präsident Truman erklärte in einem von ihm im Weißen Haus herausgegebenen Bericht, dass die neue Bombe, deren Sprengkraft zweitausendmal größer ist als die schwerste im Krieg in Europa verwendete Bombe, vor wenigen Stunden auf den japanischen Armeestützpunkt Kiroshima [sic] abgeworfen worden sei. Eine neue Bombe, so sagte Präsident Truman, befindet sich jetzt in der Produktion, und Typen, deren Sprengkraft noch gewaltiger sein werden, werden entwickelt.[3]

Gleichlautende Berichte fanden sich am 8. August auch in anderen Zeitungen wie der *Neuen Rheinischen Zeitung, für Düsseldorf, Bergisches Land und Niederrhein*, die von der Britischen Besatzungsbehörde herausgegeben wurde und jeden Mittwoch und Samstag erschien. So ist es wohl zu erklären, dass die Bombardierung Nagasakis in dieser Zeitung keine Erwähnung fand. Die nächste Ausgabe vom 11. August berichtete bereits von Japans Kapitulationsbereitschaft, für die im Leitartikel neben der Vernichtung Hiroshimas der Kriegseintritt Russlands verantwortlich gemacht wird. Der Artikel beginnt mit dem Hinweis: «Wie er [der Krieg] ausgehen musste, war schon nach der Eroberung Okinawas militärisch klar.»[4]

Die *Deutsche Volkszeitung* veröffentlichte am 9. August einen Bericht von Reuter aus London unter der Überschrift: «Japan erzittert unter der Atom-Bombe, Unvorstellbare Zerstörungskraft – Eine Bombe vernichtet sechs Rüstungswerke».

Aus Guam wird offiziell mitgeteilt, dass die erste Atombombe, die über Japan abgeworfen wurde, mehr als 4 Quadratmeilen (gleich fast 11 qkm) Gelände verwüstete. Das Ziel war die große Stadt Hiroshima mit ihren militärischen Hafenanlagen. Die Verwüstung erstreckte sich über 60 Prozent des Stadtgebiets, welches etwa 7 Quadratmeilen bedeckt, also etwa viermal das Gebiet der Londoner City.

Der Oberbefehlshaber der alliierten Luftstreitkräfte im Pazifik, Generalmajor Spaatz, teilt mit, dass durch diesen Angriff 5 umfangreiche Industrieanlagen total vernichtet wurden, ohne den Schaden zu berücksichtigen, der in der Umgebung des vollständig verwüsteten Gebietes noch zusätzlich verursacht wurde.[5]

Wieder einen Tag später erfuhren die Leser der *Deutschen Volkszeitung* von der zweiten Atombombe. Auch von der ersten wurde noch einmal berichtet:

Die erste Atombombe – fast eine Viertelmillion Tote
Washington, 9. August. Der amerikanische Kriegsminister Stimson erstattete dem Präsidenten Truman einen Bericht über die durch die Atombombe in Hiroshima verursachten Zerstörungen. 90 Prozent der Stadt sind dem Erdboden gleichgemacht und etwa 200 000 Menschen kamen ums Leben.

Zweite Atombombe abgeworfen! Nagasaki das Ziel
London, 9. August. Ein heute früh in Guam ausgegebenes Sonderkommuniqué meldet, dass am Mittwoch japanischer Zeit eine zweite Atombombe auf die große japanische Hafenstadt Nagasaki geworfen wurde. Einzelheiten stehen noch aus, aber die Flugzeugbesatzung meldet stärkste Wirkung.[6]

Nach dem Abwurf der zweiten Bombe füllten sich die Zeitungen mit Artikeln über die Arbeit der Wissenschaftler, das Wettrennen zwischen Deutschland und den Alliierten und die Prinzipien der Atomspaltung. Nachdem das ungeheure Ausmaß der Zerstörung, für die zunächst alle Begriffe fehlten, langsam konkreter wurde, begann die Presse auch von einer neuen Epoche zu sprechen und von künftigen Gefahren, die aus der revolutionären Technologie für die Welt erwuchsen. Die Kommentatoren schwankten zwischen der Warnung davor, dass Nationen mit der Bombe der schnellste Weg gegeben werde, einander zu vernichten, und der

Hoffnung, dass die Bombe das einzige Mittel sein werde, den Krieg abzuschaffen.

Diese Diskussionen fanden auf der Basis sehr unvollständiger Informationen statt. Hiroshima wurde nur als Militärstützpunkt bezeichnet, Nagasaki als wichtiger Hafen. Die Presse erwähnte stets die Zerstörung von Rüstungsanlagen, jedoch niemals den Umstand, dass die Vernichtung der Zivilbevölkerung nicht in Kauf genommen, sondern bei der Zielbestimmung beabsichtigt worden war. Die Wirkung der Bomben wurde durch Hitze und Sprengkraft charakterisiert, während die Strahlung, zweifellos aus Unkenntnis, unerwähnt blieb. Dennoch lenkte die unterschiedslose Massentötung von Zivilisten die Aufmerksamkeit der Öffentlichkeit in Europa ebenso wie in den Vereinigten Staaten auf zwei Probleme, die Frage der Rechtfertigung und die Kontrolle der Atomenergie. Zu beiden Fragen äußerte sich Präsident Truman in einer Rede am 11. August. Zum ersten Punkt sagte er:

Wir verwenden die Atombomben, um die Leiden des Krieges abzukürzen, um das Leben von Tausenden und aber Tausenden junger Amerikaner zu retten.

Und zum zweiten:

Die Atombombe ist ein zu gefährliches Mittel, um in einer Welt der Gesetzlosigkeit jedem Staat frei zugänglich zu sein.[7]

Zwei Topoi waren damit formuliert, die die amerikanische Sicht der Dinge und die US-Außenpolitik nachhaltig bis in die Gegenwart bestimmen sollten. Erstens, der erste wirksame Einsatz von Massenvernichtungswaffen in der Weltgeschichte war gerechtfertigt, weil er einem guten Zweck diente, nämlich der Rettung Tausender junger Amerikaner. Bald schon sollte aus dieser unbestimmten Zahl die Legende von den dank der Bombe nicht gefallenen 500 000 (gelegentlich auch 1 000 000) Amerikanern und noch zahlreicheren verschonten Japanern werden. Zweitens wurde der Einsatz der Atombomben paradoxerweise so gedeutet, dass eine verantwortungsvolle Kontrolle dieser Waffen nur von Amerika (und den britischen Partnern) gewährleistet werden konnte.

Der Krieg, darf man nicht vergessen, war noch nicht zu Ende, und Regierungserklärungen aller Seiten entsprachen dem. Die Propaganda war eine eigene Front. Obwohl das gewiss auch den Zeitungslesern bewusst war, formte die Berichterstattung von den Ereignissen im August 1945 die öffentliche Wahrnehmung und legte den Grundstein dafür, wie Hiroshima und Nagasaki noch heute erinnert werden. Aus amerikanischer Sicht markierten die beiden ausgelöschten Städte das Ende eines gerechten, da reaktiven Krieges gegen das Böse. Über dreieinhalb Jahre nach Pearl Harbor waren die Angreifer endlich in die Knie gezwungen. Im Augenblick des Triumphs die Legitimität der Schlussapotheose dieses blutigen Krieges in Frage zu stellen, konnte von der überwiegenden Mehrheit der amerikanischen Bevölkerung kaum erwartet werden. Auch Journalisten und anderen Intellektuellen musste der Gedanke, dass am Ende des wider Willen unter großen Opfern geführten Krieges im Pazifik ein Unrecht stehen sollte, fern liegen. Dementsprechend konstatiert Wolfgang Schwentker, der die europäische und amerikanische Resonanz auf Hiroshima miteinander verglichen hat: «Die Mehrzahl aller Amerikaner hielt den Einsatz der Atombomben auf Hiroshima und Nagasaki für gerechtfertigt. Nur wenige, meist linksgerichtete Intellektuelle, verglichen ihn mit den Konzentrationslagern des nationalsozialistischen Deutschland.»[8]

In Europa war das Interesse am Krieg im Fernen Osten seit der Kapitulation Deutschlands gering; die Sorgen des täglichen Lebens standen fast überall auf dem Kontinent im Vordergrund. Kein Land war von den Schrecken des Krieges unberührt geblieben. Es war ein Krieg, in dem mit allen Mitteln gekämpft wurde. Die Verletzung der Genfer Konvention durch die Ermordung von Kriegsgefangenen gehörte genauso dazu wie das Flächenbombardement von Großstädten. Trotz der revolutionären neuen Waffentechnik waren Hiroshima und Nagasaki vor diesem Hintergrund zunächst nur weitere Stationen des Weltenbrands. Noch am 14. August stellte die *Tägliche Rundschau* Nagasaki mit anderen bombardierten Städten in eine Reihe.

Sender Tokio meldet, daß Sonntag früh 70 Fliegende Festungen [B-29 Bomber] Matsuyama mit Bomben belegten. Auch General Mac Arthur meldet, daß am Wochenende 500 Flugzeuge den wichtigsten Versorgungsstützpunkt der japanischen Armee auf der Insel Kiuschiu schwer mit Bomben belegt haben.

Die Stadt Nagasaki wurde – wie London amtlich mitteilt – durch einen neuen Typ von Atombombe von ungleich stärkerer Druckwellenwirkung als militärisches Ziel ausgeschaltet. Etwa ein Drittel der Stadt wurde vollkommen zerstört. In dem völlig verwüsteten Gebiet lagen die bedeutendsten Flugzeugwerke Japans.[9]

Als Japan wenige Tage nach Nagasaki kapitulierte, lag nichts näher, als die zeitliche Abfolge – Hiroshima, Nagasaki, Kapitulation – als eine kausale zu deuten. So stand es z. B. in dem Nachrichtenblatt der Britischen Militärbehörde in Berlin, *Der Berliner*:

Am 26. Juli das Ultimatum von Potsdam;
am 6. August die erste Atombombe auf Hiroshima;
am 9. August die zweite Atombombe auf Nagasaki,
zwischen den beiden Bombenabwürfen die Kriegserklärung der Sowjetunion;
am 10. August Japans bedingte Bereitschaft zur Kapitulation.[10]

Nach Japans Kapitulation atmete die Welt auf; das Interesse an der Kausalität der Ereignisse, die dem Schweigen der Waffen vorausgingen, war gering. Dass die Zerstörung Hiroshimas und Nagasakis zum Frieden geführt hatten, ging so in das allgemeine Geschichtsbild vom Ende des Zweiten Weltkriegs ein.

1971 schrieb der niederländische Rechtsgelehrte und Konfliktforscher Bert V.A. Röling:

In den Niederlanden sind immer noch Stimmen zu hören, die behaupten, dass die Atombomben dem Krieg ein Ende machten. Das ist eine Legende, die dazu herhalten muss, das anklagende Gewissen wegen dieser Kriegsverbrechen zu beschwichtigen. Als Richter des International Military Tribunal for the Far East in Tokio hatte ich Gelegenheit, die Protokolle aller Sitzungen des japanischen Ministerrats und des Kronrats zu lesen. Daraus geht deutlich hervor, dass es nicht die Atombomben waren, die zur Kapitulation führten.[11]

Solche wiederholt vorgetragenen Klarstellungen vermochten der durch die Berichterstattung in den Tagen und Wochen nach den Bomben in die Welt gesetzten Legende im Bewusstsein der niederländischen Öffentlichkeit ihre Glaubwürdigkeit nicht zu entziehen, ganz zu schweigen von der Weltöffentlichkeit. Die Schwierigkeit, ein unliebsames Thema gegen die Macht der englischsprachigen Medien zu lancieren, war dafür mitverantwortlich.

Die japanische Presse reagierte auf die Atombomben mit Verzögerung, denn viele Städte und große Teile der Infrastruktur des Landes waren zerstört. Außerdem fehlte es zunächst schlicht an Kenntnissen, um zu begreifen, was geschehen war. Vor Hiroshima war das japanische Wort für ‹Atombombe›, *genshibakudan*, nicht bekannt. Die Absicht, bei der japanischen Bevölkerung einen Schock zu bewirken, musste deshalb fehlschlagen. Überall in Japan musste in dieser Phase des Krieges mit Bombenangriffen gerechnet werden. Täglich gab es Zehntausende von Toten. Zudem unterstand die japanische Presse strengen Zensurbestimmungen der Regierung. Nach Hiroshima verbreiteten sich Gerüchte von einer amerikanischen Geheimwaffe – ebenso völlig unzutreffende einer japanischen Antwort darauf, mit der in Amerika eine ähnliche Zerstörung angerichtet worden sei.

Nach der Kapitulation herrschte in den niedergebrannten Städten Japans ein allgemeiner Erschöpfungszustand; die Sorge um das Überleben bis zum nächsten Tag drängte alles andere in den Hintergrund. Die Niederlage selber, obwohl von der während des Kriegs unterdrückten Linken begrüßt, war eine traumatische Erfahrung. Alle Anstrengung, alle Opfer waren umsonst gewesen. Ähnlich stark zerstört wie Hiroshima und Nagasaki waren viele Städte; was die Nachricht von der neuen Waffe inmitten der Atmosphäre des Zusammenbruchs bewirkte, war das Gefühl, von der eigenen Führung getäuscht worden zu sein. Die materielle Rückständigkeit Japans, die Unfähigkeit des Militärs, die Städte vor Brandbomben zu schützen, die Mobilisierung von Frauen und Greisen und ihre Ausrüstung mit Bambusspeeren, all dies führte angesichts eines Feindes, der mit einer Bombe eine ganze Stadt auslöschen konnte, in weiten Kreisen der Bevölkerung zu der Einsicht, dass ihre Regierung sie in einen Krieg geführt hatte, der nicht hatte gewonnen werden können. Hieraus entstand, was in der Nachkriegszeit ‹Opferbewusstsein› (*higaisha ishiki*) genannt wurde, eine Geisteshaltung, die die Frage nach der Mitverantwortung der japanischen Bevölkerung für den Krieg gar nicht aufkommen ließ.

In der kurzen Zeit zwischen der Kapitulation und der Ankunft der ersten amerikanischen Besatzungstruppen wurde in den wenigen Zeitungen, die noch erschienen, vor allem ein Aspekt der Katastrophe von Hiroshima und Nagasaki kommentiert: der Sieg der Wissenschaft. So schrieb die *Asahi Shinbun*:

Wir haben gegen die Wissenschaft des Feindes verloren. Diese Tatsache bewies eine einzige auf Hiroshima abgeworfene Atombombe.[12]

Für den neuen Erziehungsminister Tamon Maeda – er war von August 1945 bis Januar 1946 im Amt – war das Anlass, danach zu rufen, die Wissenschaft zur Grundlage des Staates (*kagaku rikkoku*) zu machen. Aber schon bald darauf verschwanden Hiroshima und Nagasaki aus der öffentlichen Diskussion. Ab Mitte September 1945 verhinderte die Zensur der amerikanischen Besatzungsbehörden alle Berichte über die beide Städte und die Bomben. Nicht nur aus japanischen Medien wurde das Thema verbannt, auch westliche Journalisten wurden an der Arbeit gehindert oder gezielt desinformiert. So berichtete der australische Reporter Wilfred Burchett, der im September trotz größter logistischer Schwierigkeiten nach Hiroshima vorgedrungen war, dass dort noch immer Menschen und Tiere an den Folgen der radioaktiven Verseuchung starben. Von amerikanischen Militärs wurde das als japanische Propaganda abgetan.[13] Auch John Herseys Reportage *Hiroshima*, deren Erscheinen im August 1946 im *New Yorker* für großes Aufsehen sorgte, durfte in Japan nicht erscheinen. Drei Monate nach der Veröffentlichung brachte Penguin Books dieses Portrait von sechs Überlebenden in Buchform heraus. Die Vorbemerkung des Verlages lässt erkennen, warum die Zensur es in Japan verbot:

Es sind viele Darstellungen darüber, wie die Bombe funktioniert, veröffentlicht worden – insoweit Sicherheitserwägungen das zulassen. Aber hier werden zum ersten Mal nicht wissenschaftliche Triumphe, komplizierte Maschinen, neue Elemente und mathematische Formeln beschrieben, sondern es wird erklärt, was die Bombe tut – gesehen durch die Augen einiger derer, denen sie es getan hat: von denen, die eine der größten Katastrophen der Welt erduldeten, und überlebten.[14]

Die amerikanische Zensur war systematisch. Hiroshima und Nagasaki wurden totgeschwiegen, denn nicht nur war eine allgemeine Diskussion über die Verwendung der neuen Waffen unerwünscht, es gab auch viele Details, die problematische Fragen aufwarfen. Dazu gehörte der Umstand, dass in Nagasaki hauptsächlich der Teil der Stadt zerstört worden war, der von armen Lohnarbeitern bewohnt wurde, vor allem von Christen. Für die Zensur sprachen aus Sicht der Besatzungsbehörden zwei Hauptgründe. Ersten sollte sie die Gefahr öffentlicher Unruhen bannen, die eine Diskussion der Atombombenabwürfe hervorrufen könnte. Zweitens fürchteten sie, dass die Wirksamkeit ihrer Politik, die während des Krieges von Japanern begangenen Gräueltaten publik zu machen, durch das Bekanntwerden von Einzelheiten aus Hiroshima und Nagasaki unterminiert würde. Zu wahrscheinlich war es, dass dann die unmenschlichen Taten beider Seiten gegeneinander aufgerechnet würden. Der amerikanische Anspruch, im Gegensatz zu den Gegnern einen moralischen Krieg geführt zu haben und der Nachwelt von ihm als Kampf gegen das Böse erzählen zu können, wäre dadurch unterminiert worden.

Wie sehr die Besatzungsbehörden selber Ranküne als Kategorie der Meinungsbeeinflussung verstanden, zeigte sich noch 1949, als die Zensur die Veröffentlichung von Takashi Nagais Augenzeugenbericht «Die Glocken von Nagasaki» (*Nagasaki no kane*)[15] nur unter Einschluss eines langen, von den Amerikanern angefertigten Anhangs über die Plünderung Manilas durch japanische Truppen 1945 erlaubte. Dower spricht in diesem Zusammenhang von der Stumpfsinnigkeit der Logik der Sieger.[16] Nach seiner Einschätzung zeugte die Unterdrückung jeglicher Diskussion der Atombomben nicht nur von Missachtung der

Leidtragenden, sondern war auch kontraproduktiv. Denn durch das Verbot, die Tragödie von Hiroshima und Nagasaki direkt nach Kriegsende öffentlich zu diskutieren, wurde die Tendenz gefördert, die Vernichtung der beiden Städte aus dem Kriegszusammenhang herauszutrennen und als isolierte Ereignisse zu behandeln. Diese Tendenz wurde noch dadurch verstärkt, dass selbst nach Jahren nur solche Zeugnisse zur Veröffentlichung freigegeben wurden, die sich allein auf die Darstellung des Leids und der durch die Bomben bei vielen Überlebenden verursachten Verrückung ihres Selbstempfindens und Realitätssinns beschränkten. Vorwürfe gegen die Amerikaner oder auch nur eine Diskussion der Schuldfrage durften sie nicht enthalten. Hiroshima wurde, wie Ian Buruma es eindringlich beschrieben hat, zu einem exklusiven Ort des Gedenkens der einem Unglück zum Opfer gefallenen Nation.[17]

Die Zensur musste der Vorstellung von der Einzigartigkeit der Zerstörung Hiroshimas und Nagasakis letzten Endes Vorschub leisten. Denn als sie schließlich Anfang 1949 etwas gelockert wurde und die japanische Öffentlichkeit sich in authentischen Berichten mit dem qualitativen Unterschied zwischen Hiroshima und Nagasaki und der Zerstörung anderer Städte konfrontiert sah, war der Zeitpunkt denkbar ungünstig. Er koinzidierte mit dem Abschluss des Tokioter Kriegsverbrechertribunals und der Vollstreckung der verhängten Todesurteile an sechs führenden Militärs, inklusive Kriegspremier Hideki Tōjō und einen Zivilisten, den ehemaligen Premierminister Koki Hirota. Dieses Urteil wurde weithin als Bestrafung derer gedeutet, die sich des Staatsapparats bemächtigt und das Volk in den Krieg getrieben hatten. Diese bösen Taten waren nun gesühnt; das Volk war dafür ebenso wenig verantwortlich wie der Kaiser, den man ja deshalb auch im Amt beließ. Das Volk war Opfer, nicht Täter. Durch die eben in dieser Zeit erstmals allgemein bekannt werdenden Einzelheiten von der Vernichtung Hunderttausender Zivilisten in Hiroshima und Nagasaki wurde dieses Entlastungsmuster der Nachkriegsgesellschaft nachhaltig gestärkt, zumal das Opferbewusstsein viel mit dem Verliererbewusstsein gemein hat. Die Verallgemeinerung der Erinnerung an Hiroshima und Nagasaki konnte so leicht dazu führen, Nanking, Bataan, Manila und andere Orte japanischer Kriegsverbrechen in China, Indochina und Indonesien vergessen zu machen.

Bilder und Filme

Die Einzigartigkeit der Bombardierung Hiroshimas und Nagasakis bestand darin, dass mit ihr ein neues Zeitalter angebrochen war. Naturgewalten waren freigesetzt worden. Die Tabuisierung der Folgen durch die Zensur machte Hiroshima zu einem Ereignis ohne Urheber und förderte in Japan die Bereitschaft, den ganzen Krieg als ein solches zu sehen. Die Besatzung machte jahrelang öffentliche Bekundungen der Trauer und ihre schriftliche Mitteilung unmöglich. Hiroshima wurde dadurch gleichzeitig entpolitisiert und seiner menschlichen Dimension beraubt. Außer in den Ruinen der beiden Städte konnte man sich bis Ende der Besatzungszeit in Japan buchstäblich kein Bild von der Katastrophe machen.

Die ersten in Japan ausgestellten graphischen Darstellungen der nuklearen Zerstörung waren keine Fotos oder Filme, sondern Zeichnungen. Das Künstlerehepaar Toshi und Iri Maruki waren gleich nach der ersten Bombe nach Hiroshima zu dort lebenden Verwandten geeilt. Drei Jahre später begannen sie aus Sorge, dass es sonst niemals visuelle Zeugnisse davon geben würde, zu zeichnen, was sie gesehen hatten. 1950 konnten sie ein Büchlein mit Zeichnungen publizieren und durften fünf große Wandbilder von Atombombenopfern ausstellen.

Später wurde ihr Lebenswerk zum Gegenstand eines Films über Hiroshima. Der Dokumentarfilm *Hellfire, a journey from Hiroshima* (1986) von John Junkerman zeichnet die Geschichte ihrer Wandbilder nach. Die beiden Künstler, die schon vor dem Krieg gegen Japans Expansionismus waren, verdichteten ihren Bilderyklus zu einer universellen pazifistischen Botschaft, indem sie ihn erweiterten, zunächst um Bilder von Nagasaki, dann um *Die Plünderung Nankings*, *Die Schlacht um Okinawa* und

Auschwitz. Ein weiteres Werk ist dem *Tod des amerikanischen Kriegsgefangenen* gewidmet. Dieses Bild thematisiert die Ermordung eines amerikanischen Kriegsgefangenen, der in Hiroshima interniert war und kurz nach der Bombardierung der Stadt von Überlebenden umgebracht wurde. Die Marukis, das geht aus dem Film hervor, sind sich der politischen Aspekte des Krieges bewusst, lassen sich aber nicht auf ihre Diskussion ein. Ihre alleinige Aufmerksamkeit gilt dem Leid, das Menschen Menschen zufügen. Sie gucken von unten, und dieser Blickwinkel ermöglicht es ihnen, Hiroshima neben Auschwitz zu stellen, eine Sichtweise, die im Zusammenhang eines politischen Diskurses immer als merkwürdig schief empfunden wird, kompromisslosen Pazifisten wie den Marukis aber als genuine Weltanschauung abgenommen wird.

Fotografisches Material aus Hiroshima und Nagasaki konnte bis zum Ende der Besatzungszeit, 1952, nirgends gezeigt werden. General MacArthur regierte mit diktatorischer Gewalt, überzeugt von seiner Mission, die Japaner durch Umerziehung zu einem den USA wohlgesinnten Volk zu machen. Alles, was diesem Ziel entgegenstand, wurde unterdrückt oder aus dem Weg geräumt, und dazu gehörten insbesondere Informationen über die atomare Zerstörung in den letzten Kriegstagen. Die Besatzung verbot selbst den Besitz von Negativen in Hiroshima und Nagasaki aufgenommener Fotos. Auch die von Robert Serber in Hiroshima und Nagasaki gemachten Aufnahmen blieben unveröffentlicht. Serber war Mitglied des Forschungsteams von Robert Oppenheimer in Los Alamos und gehörte der Gruppe des Manhatten-Teams an, die im Spätsommer 1945 nach Japan reiste, um die Folgen der Atombomben zu untersuchen.[18] Um die Wirkungen der neuen Waffen besser kennen zu lernen, wurden viele Opfer genau untersucht, aber, um nicht den Eindruck eines impliziten Schuldbekenntnisses entstehen zu lassen, nicht behandelt. Filmmaterial war in Japan auch lange nach Ende der Besatzungszeit nicht zu sehen.

Kurz nach der Bombardierung hatte die japanische Regierung den Dokumentarfilmer Akira Iwasaki, der während des Krieges wegen seiner kriegsfeindlichen Haltung in Haft war, nach Hiroshima und Nagasaki geschickt, wo er mehrstündige Aufnahmen von den Trümmern und den verbrannten, verletzten und sterbenden Menschen machte. Der fertige Film wurde im Dezember von den US-Besatzungstruppen beschlagnahmt und blieb als streng geheim bis 1968 unter Verschluss. Unter dem Titel *Hiroshima – Nagasaki, August 1945* schnitt Eric Barnouw daraus eine sechzehnminütige Dokumentation zusammen, die 1970 veröffentlicht wurde.

Wie das offizielle Amerika Hiroshima erinnern wollte, illustriert der Film *Above and Beyond* (1952) von Melvin Frank. Er erzählt die Geschichte von Oberst Paul Tibbets, des Piloten der Enola Gay. Weder die menschliche noch die politische Dimension der ersten Atombombe spielt darin eine Rolle. Hiroshima erscheint lediglich als Episode im Leben eines erfolgreichen Offiziers.

Aus Hollywood kamen schon bald nach Kriegsende Spielfilme, die direkt oder indirekt auf Hiroshima Bezug nahmen. Kernwaffen, nuklearer Niederschlag, Strahlenvergiftung, Terrorismus und die damit verbundenen Ängste lieferten den Stoff für zahlreiche Drehbücher, die sich in die Tradition der apokalyptischen Erzählung einreihten, die Bombe also nicht unter politischem Aspekt thematisieren, sondern unter dem ihres menschheitsbedrohenden Potenzials.

Zwei Beispiele seien genannt: Norman Taurogs *The Beginning or the End* von 1947 ist eine fiktionale Darstellung der Entwicklung der ersten Atombombe. Trotz des akzidentiellen Todes des Protagonisten, eines jungen Wissenschaftlers, kommt sie zu dem Fazit, dass die Bombe den Horror des Zweiten Weltkriegs überwinden und den Weg zum Himmel auf Erden bahnen half. Weniger optimistisch ist *Them!* von Gordon Douglas (1954). Dieser Film transponiert den Topos der unkontrollierbaren Folgen von Wissenschaft und Technik ins nukleare Zeitalter. Die Trinity-Testzündung in New Mexico bewirkt die genetische Mutation von Ameisen, die sich zu Monstern und einer Gefahr für die Menschheit auswachsen.

Das japanische Pendant kam ebenfalls 1954 heraus. Die erste fiktionale Filmreaktion auf die nukleare Katastrophe war Ishirō Hondas *Godzilla*. Am 1. März dieses Jahres kam es zu einem Zwischenfall, der in Japan als zweite atomare Bombardierung der Menschheit bezeichnet werden sollte. Die *Fukuryū Maru*, ein japanisches Fischerboot, geriet unter den radioaktiven Niederschlag von «Bravo», einer von den USA auf dem Bikiniatoll gezündeten Wasserstoffbombe mit der tausendfachen Sprengkraft derer, die Hiroshima zerstört hatte. Dieses Ereignis löste in der Gesellschaft große Unruhe aus und führte zur ersten ernsthaften Verstimmung zwischen Tokyo und Washington seit Ende der Besatzungszeit. Vor diesem Hintergrund hatte *Godzilla*, ein specialeffect-Film über einen dem Meer entstiegenen dinosaurierähnlichen Koloss, der Tokyo verwüstet und die Menschheit bedroht, eine eklatante und viele Jahre anhaltende Wirkung auf das japanische Publikum. Im Film gibt es direkte Bezüge zum zweiten Weltkrieg, denn das Ungeheuer, schließen Wissenschaftler, die seine radioaktiven Fußspuren untersucht haben, ist buchstäblich das Geschöpf einer atomaren Explosion. Eine unberechenbare und – wie von der *Asahi Shinbun* schon im August 1945 konstatiert – letztlich nur mit den Kräften der Wissenschaft zu besiegende Bestie fiel über die wehrlosen und unschuldigen Japaner her, das war im metaphorischen Gewand die Botschaft des Films.

Für die Tōhō Filmstudios begann mit *Godzilla* eine spektakuläre Erfolgsserie von bisher über 40 Folgefilmen, die das Thema der monströsen Bedrohung variieren, von dem direkten Bezug auf die nukleare Vernichtung des ersten Films aber wegführen. Nichtfiktionale filmische Behandlungen dieses Themas haben nie ein ähnlich breites Publikum erreicht. Außerdem taten sich japanische Filmemacher mit dem Thema schwer. Masao Muruyamas Animationsfilm *Hadashi no Gen* («Der barfüßige Gen»), inszeniert nach der autobiographischen Manga-Serie des Karikaturisten Keiji Nakazawa, der die Bombe als Siebenjähriger überlebt hatte, fand nach seinem Erscheinen 1973 viel Beachtung, aber insgesamt stand die Auseinandersetzung japanischer Regisseure mit der Atombombe in keinem Verhältnis zu ihrer Bedeutung für die geistige Befindlichkeit Japans in den Jahrzehnten nach dem Krieg. Hiroshima und Nagasaki sind Gegenstand von Fernsehserien und Dokumentationsfilmen; Spielfilme japanischer Regisseure sind selten.

Lange blieb Alain Resnais *Hiroshima mon amour* (1959) nach Margueritte Duras Drehbuch in Japan der cineastische Bezugspunkt für dieses Thema, und Resnais blieb dort der bekannteste französische Regisseur. Schon der schmerzhaft paradox wirkende Titel und die dadurch aufgerufene Spannung zwischen der Sehnsucht nach Vergessen und der Unmöglichkeit, sich ihr zu überlassen, traf genau die kollektive Bewusstseinslage, die dem Film die Aufmerksamkeit des Publikums sicherte. Seine große Wirkung verdankt er darüber hinaus dem Verzicht auf einen politischen Bezug. Der Betrachter wird durch den Film nicht dazu gezwungen, über die Ursachen des Krieges nachzudenken. Die Situierung einer flüchtigen Liebesaffäre zwischen einem japanischen Architekten und einer Französin in der gezeichneten Stadt und das Ineinanderblenden von Liebesszenen, Dokumentaraufnahmen und solchen aus dem Friedensmuseum haben eine Eindringlichkeit, die in keinem anderen Film über Hiroshima erreicht wurde. Der Film kreist um die Frage, ob vergessen werden darf, was unvergessbar scheint, und thematisiert damit das für die Stadt zentrale Problem des Umgangs mit der eigenen Geschichte.[19] «Du hast nichts gesehen in Hiroshima», sagt der Held zu seiner Geliebten und scheint zu allen zu sprechen, die von außerhalb nach Hiroshima kommen.

In dieser Spannung zwischen der Innen- und der Außensicht auf die Katastrophe sah vier Jahrzehnte später Nobuhiro Suwa die einzige Möglichkeit ihrer filmischen Bearbeitung. Sein Film *H Story* (2001) ist eine Hommage an Alain Resnais, die fast die Form eines Remake von *Hiroshima mon amour* hat. Darin spielt er sich selbst bei dem Versuch, Duras Drehbuch in Hiroshima zu inszenieren, wie vor ihm Resnais. Daraus wird ein mehrschichtiges komplexes Werk, in dem die Erinnerung der Tragödie als solche, die an Hiroshima und die an Resnais Film ineinander greifen. Eine weitere Dimension der Erinnerung beinhaltet die Genese von Suwas Film, die auch zur Sprache kommt. Ursprünglich wollte er ihn gemeinsam mit dem amerikanischen Regisseur Robert Kramer machen, der, so Suwa, viel genauer als er selber wusste, was er über Hiroshima sagen wollte. Kramers Vater hatte sich das

Leben genommen. Er gehörte dem ersten amerikanischen Ärzte-Team an, das nach Kriegsende nach Hiroshima kam. Kramer selber starb 1999 vor Beginn der Dreharbeiten. *H Story* bringt die Erinnerung an Hiroshima eine Generation weiter über die Jahrtausendgrenze und manifestiert dabei aufs Neue die Unverzichtbarkeit eines externen Standpunkts, um die im kollektiven Gedächtnis noch immer schwärende Wunde Hiroshima überhaupt filmisch fassbar zu machen.

Einen ganz anderen Aspekt der Atombombe behandelt Shōhei Imamuras Verfilmung (1989) von Masuji Ibuses Roman *Kuroi ame* («Schwarzer Regen»). In dieser wohl berühmtesten literarischen Auseinandersetzung mit Hiroshima geht es um die Zerrüttung der sozialen Gemeinschaft. Im Mittelpunkt des Films steht eine Familie, die versucht, sich von einer Nichte zu trennen, die bei der Explosion radioaktiver Strahlung ausgesetzt war. Damit wird das schmerzhafte Thema der Diskriminierung der Atombombenopfer in der japanischen Gesellschaft angesprochen. Sie wurden stigmatisiert und an den Rand der Gesellschaft gedrängt. Angst, Ignoranz und eine gewisse Härte gegenüber den Schwachen, die für eine immer mit knappen Ressourcen lebende Gesellschaft typisch ist, waren die Ursache. Dank der Informationspolitik der Besatzungsbehörden beruhten die Kenntnisse der Bevölkerung über Wirkungen und Folgen der Bombe hauptsächlich auf Gerüchten. Die japanische Regierung hat nach Ende der Besatzungszeit wenig dafür getan, das durch Aufklärung zu korrigieren. Die durch radioaktive Verseuchung verursachten Gesundheitsschäden wurden lange für ansteckend gehalten. Viele Menschen mieden deshalb den Kontakt mit *Hibakusha*, deren körperliche Not so zu einem sozialen Makel wurde.

Die gesellschaftlichen Spätfolgen der Bombe behandelt schließlich auch – in einem seiner letzten Filme – Akira Kurosawa. *Hachigatsu no rapusodi* («Rhapsodie im August») spielt Jahrzehnte nach dem Krieg in einem Dorf bei Nagasaki. Der Held des Films ist ein junger Amerikaner japanischer Abstammung, der aus Hawaii kommt, um seine Großmutter zu besuchen. Dort wird er auf sehr persönliche Weise mit der Kriegsvergangenheit konfrontiert. In einer Szene entschuldigt er sich bei der Großmutter dafür, dass er und seine Familie nichts vom Tod des Großvaters wussten. In Amerika wurde der Film deshalb scharf angegriffen. Die Kritik monierte, dass er es versäumte, die Leiden Nagasakis in den historischen Zusammenhang zu stellen und dass er die empfindliche Frage nach einer amerikanischen Entschuldigung für den Abwurf zumindest der zweiten Atombombe aufwarf. Auch Kurosawas unverkennbare Ablehnung von Kernwaffen wurde kritisiert. Die künstlerische Gestaltung des nuklearen Traumas im Film, das zeigt die Diskussion um «Rhapsodie im August» besonders nachdrücklich, wird unvermeidlich Teil der Erinnerungspolitik.

Die Unterschiede zwischen amerikanischen und japanischen Anschauungen von Hiroshima reichen bis in die Gegenwart hinein. Die Grundlagen dafür wurden ungewollt während der Besatzungszeit gelegt, als die Kombination von Siegeseuphorie, Propaganda und Zensur in Amerika dafür sorgte, dass sich die Legende von der durch die Bombe endlich herbeigeführten Kapitulation des Aggressors verfestigte, während in Japan die Ausblendung Hiroshimas in den ersten vier Jahren nach der Niederlage das nukleare Inferno vom Kriegsverlauf zu dissoziieren half. Historiker zeichnen ein differenzierteres Bild. Es einer breiteren Öffentlichkeit zu vermitteln, gelang auf beiden Seiten des Pazifiks kaum.

IV. Reaktionen intellektueller Zeitzeugen

Die Einäscherung Hiroshimas war ein Schlüsselereignis des zwanzigsten Jahrhunderts. Ihre Bedeutung liegt weniger darin, dass sie mit dem Ende des größten Krieges koinzidierte; viel wichtiger ist, dass mit ihr zum ersten Mal die Selbstzerstörung der Menschheit in den Bereich des Möglichen gerückt worden war und die Effizienz der Vernichtung von Menschenleben einen ungeahnten Höhepunkt erreicht hatte. Obwohl die neue Dimension der Zerstörung unmittelbar ersichtlich war, setzte sich diese Erkenntnis nur langsam durch und wurde keineswegs zu einem beherrschenden Thema des intellektuellen Diskurses in der Nachkriegszeit. Die noch vor Kriegsende in Fernost deutlich werdende Polarisierung zwischen der kommunistischen und der kapitalistischen Welt spitzte sich rasch zu und überlagerte das Problem der nuklearen Vernichtung. Die Zensur, der die Berichterstattung über Hiroshima und Nagasaki unterlag, hat dazu wesentlich beigetragen, denn in den ersten Jahren der Besatzung blieben alle Berichte mit Ausnahme von John Herseys *Hiroshima* sehr abstrakt. Hiroshima und Nagasaki waren bloß numerische Einheiten der Vernichtung.

Die Sprachlosigkeit westlicher Intellektueller, die allgemeine Unfähigkeit, eine geeignete Sprache für dieses Ereignis und seine Bedeutung für die Menschheit zu finden, ist auffällig. Sie hat viele Gründe. Die geistige Erschöpfung nach Jahren des Kriegs und dem Bekanntwerden der Ausmaße des Genozids an den Juden nach der Kapitulation des Deutschen Reichs war gewiss einer davon; die Distanz zu den asiatischen Opfern ein anderer. Für die Opfer von Hiroshima gab es in Europa keine Trauer, zu viele eigene Opfer gab es zu betrauern, und zu fern waren die Japaner, die man gar nicht kannte, allenfalls als Verkörperung der einst von Kaiser Wilhelm erfundenen «gelben Gefahr» oder als blindwütige

Bestien, als die sie während des Krieges in Amerika dargestellt wurden.[1] Auffällig ist die unüberbrückbare Kluft zwischen den Reaktionen jener, die das nukleare Inferno erlebt oder seine Folgen aus der Nähe gesehen haben und den Reaktionen aus zweiter Hand. Hiroshima war ein Ereignis, das für die ganze Menschheit von Bedeutung war, aber es bleibt die Unvergleichbarkeit der Perspektiven von außen und von innen.

Das Ende der Weltgeschichte

Tagebücher und Briefe aus jener Zeit lassen erkennen, dass die mit der Atombombe markierte Zeitenwende zwar erkannt wurde, der Impuls, sich damit eingehend zu befassen, jedoch gering war. Der Romanist Victor Klemperer zum Beispiel, der den Holocaust überlebt hatte, führte von Juni bis Dezember 1945 ausführlich Tagebuch. Sein Interesse an Politik und Zeitgeschehen kommt darin deutlich zum Ausdruck, aber es erstreckt sich nicht auf die Atombombe. Dazu findet sich nur eine kurze Bemerkung:

Heute ist das *Radio* ganz voll von der *Atombombe*, die gestern zuerst genannt wurde.
  Eine der hübschesten, gelungensten Sachen im *Radio* Berlin: der *Kinder-*, auch der *Jugendfunk*.[2]

Andere zeitgenössische Kommentare zu dem Ereignis, das die Nachrichten beherrschte, offenbaren eine Mischung aus Betroffenheit, Ratlosigkeit und Zynismus. Einige Beispiele müssen genügen, um das zu belegen. Am 6. August 1945 notiert Thomas Mann in Pacific Palisades (bei sechzehnstündigem Zeitunterschied zu Japan):

In Westwood zum Einkauf von weißen Schuhen u. farbigen Hemden. –/ Erster Angriff auf Japan mit Bomben, in denen die Kräfte des gesprengten Atoms (Uran) wirksam./ Das Geheimnis ist also heraus. Auch die Deutschen waren dicht daran, aber die Amerikaner haben das Rennen gewonnen – vielleicht mit Hilfe jener; denn zahlreiche deutsche Physiker sollen jetzt hier arbeiten – mit demselben Eifer wie für Hitler-Deutschland. Die Atom-Kraft-

Bombe hat 2 Milliarden Dollars gekostet, und Zehntausende von Menschen haben in geheimnisvoller Arbeitsteilung daran gewirkt. – Zum Abendessen Walters.[3]

Tags darauf schreibt er weiter:

Die Blätter voll von der /Atom-Bombe/ und der Geschichte ihrer Erfindung, in der viel jüdische Gelehrte figurieren. Die Deutschen waren dicht daran vor ihrem Collaps. Das Ganze erregend und unheimlich. Der Vatikan dagegen, charakteristischer Weise. Ins Innere der Natur dringt kein erschaffener Geist? Die innerste Kraft des Alls wird in den Dienst des Menschen gestellt. Sie ist dabei in zweifelhaften Händen. Aber der Kopf hat es erzwungen, stimuliert und begünstigt vom Kriege, vorderhand nur zu Zerstörungszwecken.

Auch am nächsten Tag kommt Mann noch einmal auf «die unheimliche Zerstörung der Stadt /Hiroshima/ durch die Atombombe» zurück.[4] Aus seinen telegrammstilartigen Aufzeichnungen in den folgenden Tagen geht hervor, dass ihn diese «unheimliche» Nachricht beschäftigte und er mit anderen darüber sprach. Seine erste Reaktion zeugt von Reserve gegenüber den Wissenschaftlern, die «mit demselben Eifer wie für Hitler-Deutschland» arbeiteten. Auch die Erkenntnis, dass «die innerste Kraft des Alls in den Dienst des Menschen gestellt wird», begrüßte er mit Skepsis. Ob er mit den «zweifelhaften Händen» die Wissenschaftler, die Amerikaner oder die Menschheit meint, bleibt unklar, aber sein Argwohn gegenüber der Technik nimmt das klassische faustische und seit der Romantik in Deutschland unterschwellig virulente Thema auf, dem in der Nachkriegszeit unter dem Stichwort der «Dialektik der Aufklärung» wieder vermehrt Aufmerksamkeit geschenkt werden sollte. Die Einschätzung, zu der er am 14. August nach der Kapitulation Japans, dem «Ende des 2. Weltkrieges [und dem] Volksjubel in Washington und New York» kommt, ist ganz das Gegenteil von einer dialektischen Auffassung der Entwicklung von Wissenschaft und Technik. Er spricht von Endgültigkeit:

Die Russen in Sakhalin. Die Japaner völlig auf ihre engen Inseln zurückgetrieben – so endgültig wie die deutsche Vernichtung. Denn die Atom-Bombe bedeutet gewissermaßen das Ende der «Weltgeschichte».[5]

Das brachte die Atombombe zwar ebenso wenig mit sich wie viereinhalb Jahrzehnte später die Auflösung der Sowjetunion und das Ende des Kalten Krieges, die Francis Fukuyama zu seiner medienwirksamen Verkündung des Endes der Geschichte veranlasste;[6] aber die Einschätzung entbehrte zu dem Zeitpunkt kaum einer gewissen Plausibilität. Jedenfalls zeugte sie von einem Bewusstsein der Tragweite der technischen Innovation.

Manche andere ebenso prominente Autoren geben das nicht zu erkennen. Bertolt Brecht, dem die Nachricht von der Spaltung des Uran-Atoms durch deutsche Physiker Anlass zur Niederschrift seines Dramas *Das Leben des Galilei* gewesen war, hatte in seinem Tagebuch nur drastischen Zynismus für die Atombombe übrig. Im amerikanischen Exil schrieb er:

Die Atombombe, mit der die atomarische Energie sich zeitgemäß vorstellt, berührt die «einfachen Leute» als lediglich furchtbar. Der Sieg in Japan scheint denen, die ungeduldig ihre Männer und Söhne zurückerwarten, vergällt. Dieser Superfurz übertönt alle Siegesglocken. Für einen Augenblick befürchtete Laughton ganz naiv, die Wissenschaft könne dadurch so diskreditiert werden, dass ihre Geburt – im «Galilei» – alle Sympathie verlöre. «The wrong kind of publicity, old man.»[7]

Charles Laughton, mit dem Brecht sein Stück inszenierte, nannte er naiv, weil der offenbar befürchtete, dass der Horror von Hiroshima ein wissenschaftsfeindliches Klima hatte entstehen lassen, das dem Erfolg der Aufführung abträglich sein würde. Brechts Galilei ist eine zwiespältige Gestalt, da es ihm nicht gelang, den Fortschritt der Erkenntnis mit der sozialen Revolution zu verbinden. Das Stück behandelt die Frage nach wissenschaftlichem Fortschritt und gesellschaftlicher Moral, deren Brisanz in jener Zeit wie kein anderer Robert Oppenheimer personifizierte, der über Hiroshima sagte: «Wir Physiker haben uns versündigt.»[8] Brecht lässt Galilei auf prägnanteste Weise die Zweifel an der Wissenschaft aussprechen, die auch Thomas Mann bewegten. «Ihr mögt», sagt Galilei, «mit der Zeit alles entdecken, was es zu entdecken gibt, und euer Fortschritt wird doch nur ein Fortschreiben von der Menschheit weg sein. Die Kluft zwischen euch und ihr kann eines Tages so groß werden, daß euer Jubelschrei über irgendeine neue Errungenschaft von einem universalen Entsetzensschrei beantwortet werden könnte.»

Zu diesem universalen Entsetzensschrei, wiewohl er sehr zeitgemäß gewesen wäre, kam es nicht, nicht in Amerika und auch nicht in Europa. Dass das Echo der Atombomben die Siegesglocken übertönte, hielt Brecht vielleicht für angemessen, aber es war nicht so. Das Gegenteil war der Fall. Die Assoziation des Sieges mit der Bombe minderte ihren Schrecken für die einen, das Verhängnis des anonymen Massenmords, das sie versprach, verschlug anderen die Sprache.

Nach ihrer Meinung über die Bombe befragt, bekennt Gertrude Stein, dafür angesichts der Absurdität einer ihre eigene Existenz bedrohenden Menschheit kein Interesse aufbringen zu können.

Ich konnte für die Atombombe kein Interesse aufbringen, nicht mehr als für irgendjemandes Geheimwaffe. Dass sie geheim sein muss, macht sie langweilig und bedeutungslos. Gewiss, sie wird viel zerstören und viele töten, interessant aber sind die Lebenden, nicht die Art und Weise, sie umzubringen, denn wenn nicht viele am Leben blieben, wie könnte es dann ein Interesse an der Zerstörung geben. Gut, so denke ich darüber. Und ganz im Verborgenen denken alle so darüber. Sie glauben, sie interessieren sich für die Atombombe, aber in Wirklichkeit tun sie es nicht mehr als ich. Wirklich nicht. Vielleicht haben sie etwas Angst, ich habe nicht so viel Angst. Es gibt so viel, wovor man Angst haben kann, was nützt es, sich damit zu beschäftigen, Angst zu haben, und wenn man keine Angst hat, ist die Atombombe uninteressant.

Die Menschen kriegen den ganzen Tag so viele Informationen, dass sie ihren gesunden Menschenverstand verlieren. Sie hören so sehr darauf, dass sie vergessen, sich natürlich zu benehmen. Dies ist eine hübsche Geschichte.[9]

Wenn die Welt untergeht, was hilft es, sich damit zu befassen?! Dieser Fatalismus hat seine eigene Rationalität, zeugt aber auch von der Weigerung, sich mit der nuklearen Katastrophe zu beschäftigen und anzuerkennen, dass Hiroshima nicht der Weltuntergang war, sondern zu einem Teil unserer Welt geworden ist. Zu solchen Auseinandersetzungen war die Bereitschaft unter den Intellektuellen jener Zeit erstaunlich gering. In den 1950er-Jahren riefen unter dem Eindruck des Koreakrieges und der durch ihn real gewordenen Gefahr des erneuten Einsatzes von Kernwaffen führende Denker mit Bertrand Russell und Albert Einstein an der Spitze zum Verzicht auf Kernwaffen auf, da «ein Krieg mit Wasserstoffbomben möglicherweise das menschliche Geschlecht auslöschen würde».[10] Aber praktisch der einzige Philosoph von Rang, der auf Hiroshima damit reagierte, die um die Jahrhundertmitte höchstentwickelte Form der technisierten Menschenvernichtung zum Zentralthema seines Denkens zu machen, war Günther Anders. Der Zukunftsforscher Robert Jungk konstatierte 1959, dass «anderthalb Jahrzehnte nach dem Ereignis von Hiroshima außer Anders nur ganz Wenige die radikale Veränderung unseres Weltbildes und Lebensgefühls erfaßt haben».[11]

Für Anders war die Rundfunknachricht von der Zerstörung Hiroshimas ein Schock. Er hielt es fortan für seine wichtigste Aufgabe, die «Enormität des Grauens» in eine angemessene Sprache zu fügen. Seine Erregung über den Atomtod, der Hiroshima und Nagasaki getroffen hatte und in den folgenden Jahrzehnten zu einer konkreten Bedrohung wurde, hielt sein Leben lang an. Die moralische Schwelle dagegen, Massenvernichtungswaffen einzusetzen, sah er durch ihren tatsächlichen Einsatz gefährlich gesenkt, und er sah die Gefahr, dass sie weiter sinken würde, zeigte doch der Wiederaufbau der beiden Städte, dass es, wie amerikanische Politiker mehrfach betont hatten, möglich sei, einen begrenzten Atomkrieg zu führen. Anders besuchte Hiroshima und Nagasaki, schrieb ein Tagebuch von dieser Reise[12] sowie mehrere Bücher und viele Artikel über die atomare Lage. Er bemühte sich darum, die Widersprüche zwischen der Freiheit und den menschlichen Werten, die verteidigt werden sollen, und den Mitteln, die für diese Verteidigung geschaffen werden, ins allgemeine Bewusstsein zu rücken.

Dass die Befürworter von Kernwaffen daran arbeiteten, eben

das zu verhindern, wurde Anders insbesondere durch seinen Briefwechsel mit Major Claude Eatherly klar. Eatherly war der Pilot eines der Aufklärungsflugzeuge, die die Enola Gay beim Anflug auf Hiroshima begleiteten. Von den Offizieren, die an der Bombardierung von Hiroshima und Nagasaki beteiligt waren, war er der einzige, der sich bei seiner Heimkehr aus dem Krieg nicht als Held feiern ließ. Es gelang ihm nicht, die moralischen Zweifel an seiner Mitwirkung zu verdrängen und nach seiner Entlassung den Weg zurück in ein bürgerliches Leben zu finden.[13] Für das offizielle Amerika war Eatherly ein Problem, da er sich öffentlich gegen Kernwaffen aussprach und damit auch die Legitimität der Bomben von Hiroshima und Nagasaki in Frage stellte. Die Vernichtung von Hunderttausenden von Menschen kann eine Nation mit Selbstachtung nicht als eine Überflüssigkeit oder einen politischen Schachzug erinnern. Es wurde deshalb vieles unternommen, um zu verhindern, dass es dazu kam. Eatherly durfte nicht sprechen. Seine Glaubwürdigkeit wurde durch Kriminalisierung und Psychotisierung untergraben. Anders versuchte Eatherly zu helfen, als er in der psychiatrischen Abteilung eines Veteranenhospitals interniert war, und gleichzeitig sein Verständnis für die Folgen der Atombombe für die menschliche Gesellschaft zu schärfen. In einem seiner Briefe an Eatherly schrieb er:

Für uns ist die Tatsache, daß Sie mit dem Geschehenen ‹nicht fertig werden›, tröstlich. Das ist […] für uns […] ein Zeugnis dafür […], daß Sie Ihr Gewissen haben wachhalten können, obwohl Sie einmal als Maschinenstück in einem technischen Apparat eingeschaltet gewesen und in diesem erfolgreich verwendet worden waren.[14]

Anders erkannte in Eatherly eine tragische Figur, für die es keine Erlösung geben kann. Er, der an dem Atombombenabwurf beteiligt war, wird von der Atombombe beherrscht. Das ist für Anders die paradigmatische Problematik, «daß wir nämlich mehr herstellen können, als was wir *vorstellen* können».[15] Eatherlys Versuche, die Schatten der Toten aus seinen Träumen zu verdrängen, sind vergeblich. Aber dass er darunter leidet, ist dennoch tröstlich, denn:

Wie soll man einen Schmerz aufbringen können, der 200 000 Menschen umfaßt? Wie soll man 200 000 bereuen können? Das können nicht nur Sie nicht, das können nicht nur wir nicht, das kann niemand.[16]

Die Atombombe hat die moralische Wahrnehmung getrübt, die Möglichkeit fundamentaler menschlicher Regungen, Schmerz und Reue, zerstört. Empathie bedarf der Konkretheit des Leidens. Eben daran fehlt es in den Reaktionen der meisten westlichen Intellektuellen. Sie verharren im Allgemeinen, denken über die ungeheure Macht nach, die Staaten durch Kernwaffen zugewachsen ist, die Tod nur noch als Megatod denken lässt und das Individuum seiner Bedeutung beraubt. Aber die Opfer kommen nicht vor, was nicht nur der Informationslage, sondern auch der Logik des Atomtodes entspricht.

Tagebuchaufzeichnungen haben den Vorteil der Unmittelbarkeit. Victor Klemperer kommentiert den Kinderfunk, und Thomas Mann schreibt in einem Zug vom Einkauf weißer Schuhe und der ersten Atombombe. Bertolt Brecht denkt vor allem an die Aufführung seines Theaterstücks. Solch ungeschützte Offenheit macht die Aufzeichnungen glaubhaft. Sie geben die Stimmungslage jener Tage wieder. Ganz anders Memoiren, die im Rückblick geschrieben wurden und die Erinnerung im Licht späteren Wissens modifizieren, redaktioneller Sorgfalt unterwerfen und darum bemüht sein müssen, eine kohärente Erzählung ohne zu viele Widersprüche zu konstruieren. Die Autobiographie des Physikers Otto Robert Frisch illustriert die erzählerische Aufbereitung seiner Erinnerung. Der englische Originaltitel, *What Little I Remember*, deutet einsichtig auf Zweifel an der Zuverlässigkeit des eigenen Gedächtnisses hin. Der aus Wien stammende Frisch war direkt an der Entwicklung der Atombombe beteiligt. 1943 stieß er zu der Wissenschaftlergruppe um Robert Oppenheimer in Los Alamos. Bei der ersten erfolgreichen Testzündung in Alamogordo war er dabei und erfuhr in Los Alamos von der Bombardierung Hiroshimas. Darüber schrieb er in seinen Erinnerungen:

Jemand öffnete meine Tür und rief: ‹Hiroshima ist zerstört worden›; es wurde berichtet, dass etwa 100 000 Menschen den Tod gefunden hatten.

Ich kann mich an das peinliche Gefühl erinnern, das ich dabei empfand; es wurde mir geradezu übel, als so viele meiner Freunde ans Telefon stürzten und sich im La Fonda-Hotel Tische zum Nachtessen reservieren ließen. Natürlich waren sie über den Erfolg ihrer Arbeit begeistert, doch es schien ziemlich zynisch, den plötzlichen Tod von 100 000 Menschen zu feiern, selbst wenn es sich um ‹Feinde› handelte. Andererseits ließ sich nicht abstreiten, dass dieses Massaker das Leben von noch mehr Amerikanern *und* Japanern gerettet hatte: sie wären zweifellos im Laufe der langandauernden Feldzüge gefallen, durch welche ohne Atombomben der Krieg vermutlich beendet worden wäre. Doch kaum jemand konnte eine moralische Berechtigung dafür finden, dass wenige Tage später eine zweite Bombe (auf Nagasaki) abgeworfen wurde.[17]

Dass Frisch gleich, als er von der Bombardierung Hiroshimas hörte, an die vielen Amerikaner und Japaner dachte, denen dadurch «zweifellos» das Leben gerettet worden war, ist wenig wahrscheinlich. Deutlich wird das schon durch den Zusammenhang, nimmt er doch bereits im folgenden Satz auf die erst drei Tage später erfolgte Bombardierung Nagasakis und deren moralische Bewertung Bezug. Auch wurde die Legende von Hunderttausenden geretteten amerikanischen und japanischen Leben erst mehrere Tage später in die Welt gesetzt und dann durch vielfache Wiederholung verbreitet. Frisch und vielen anderen bot sie den besten Schuldabweisungsmechanismus, der von Japans Gegnern im Krieg, sofern sie die Auslöschung der beiden zivilen Städte nicht sowieso für eine angemessene Revanche für Pearl Harbor hielten, mehrheitlich übernommen wurde. Als Otto Frisch Ende der 1970er-Jahre seine Memoiren schrieb, war die Legende längst zum unhinterfragten Gemeinwissen geworden.

Aber auch bevor das der Fall war, blieb das Echo der europäischen Intelligenz auf die welthistorische Zäsur Hiroshima leise. Die Erschütterung, die zum Grundton von Günther Anders Schreiben wurde, ist bei anderen Zeitzeugen nicht zu spüren. Die Gründe dafür sind vielfältig. Einer davon ist die amerikanische Oberhoheit über die Medien, die 1945 in ganz Europa spürbar war. Der Krieg gegen Hitler-Deutschland war ein klarer Fall eines «gerechten Krieges» und der gegen seinen Verbündeten in Fernost schon deshalb auch. Die Zerstörung Hiroshimas und Nagasakis war Teil dieses «gerechten Krieges». Die Bereitschaft, sie trotz dieses Zusammenhangs als Großverbrechen zu betrachten, war gering und nahm im Laufe der Zeit eher ab als zu.

In einer Welt, in der Gut gegen Böse ficht, ziehen es selbst die Verlierer vor, die Selbstdarstellung des Siegers als gerecht und gut zu akzeptieren. Die Befreiung von der Tyrannei des Bösen durch das Gute und die Identifikation mit den guten Siegern konnte so leichter gelingen – wie in der BRD und in Japan nach dem Krieg geschehen – als wenn auch an den Siegern ein Makel haftete. Über eine derartige Vereinfachung gingen nur wenige hinaus, um einen geschichtsphilosophischen Blickwinkel zu suchen, beispielhaft der Soziologe Raymond Aron in seinen Lebenserinnerungen *Erkenntnis und Verantwortung*. Hiroshima lag für ihn am Schnittpunkt dreier Entwicklungsreihen. Deren erste beinhaltete die Verbreitung einer «säkularen Religion», wie er den Kommunismus nannte, in Asien und Europa; die zweite die bipolare Struktur der Außenpolitik in einer zur Einheit gewordenen Welt; und die dritte die «Bereitstellung von Massenvernichtungswaffen, zum totalen Krieg, der sowohl von der modernen Wissenschaft wie von primitiven Leidenschaften angeheizt wird». Die Zukunftsbedeutung der technischen Revolution zu ergründen, betrachtete er als die vordringlichste Aufgabe der Intellektuellen. Denn die Technisierung des Planeten implizierte unkalkulierbare Risiken. «Der Freischärler und die Atombombe erscheinen als die Extremformen unbeschränkter Gewalt.»[18] Ersetzen wir den etwas verstaubten Begriff des Freischärlers durch den des Terroristen, wirkt Arons Einschätzung überraschend modern. Durch herkömmliche ethische Prinzipien unbeschränkte und unterschiedslose Gewalt, deren Anwendung dennoch durch Berufung auf einen übergeordneten moralischen Imperativ – Beseitigung des Krieges, Beseitigung von Unterdrückung und Ungerechtigkeit – gerechtfertigt wird.

Der Zusammenhang von Erkenntnis und Verantwortung und das Potenzial von Wissenschaft und Technik als die Moral korrumpierende eigenständige Kräfte waren Probleme, die durch Hiroshima auf die Spitze getrieben wurden. Eine endgültig überzeugende Lösung ist bis heute nicht gefunden. «Ich liebe die Menschen und ich liebe meine Geige, aber auf meine Empfehlung hin baute man die Atombombe. Ich bin Einstein»,[19] lässt Friedrich Dürrenmatt seinen Einstein in dem Drama *Die Physiker* sagen, das den drohenden Weltuntergang als Komödie in einem Irrenhaus darstellt.

Unsere Wissenschaft ist schrecklich geworden, unsere Forschung gefährlich, unsere Erkenntnis tödlich. Es gibt für uns Physiker nur noch die Kapitulation vor der Wirklichkeit. Sie ist uns nicht gewachsen. Sie geht an uns zugrunde.
Nur im Irrenhaus sind wir noch frei.[20]

An den Irrsinn haben sich die Menschen in der zivilisierten Welt längst gewöhnt. Der Atomtod wird seit der «erfolgreichen» Beendigung des Kalten Krieges weniger denn je als reale Möglichkeit empfunden. Einer der Gründe dafür ist, dass das literarische Echo Hiroshimas ganz anders als das des Völkermords an den Juden sehr leise ausfiel.

V. Atombombenliteratur

Ein schwerer Stand

Die literarische Erinnerung an die atomare Vernichtung ist beschränkt. Neben der offensichtlichen Tatsache, dass die meisten, die darüber hätten schreiben können, umkamen, hat das drei Hauptgründe: die amerikanische Zensur, die Tabuisierung des Themas in der japanischen Gesellschaft und, damit zusammenhängend, der Widerstand des literarischen Establishments Japans gegen Atombombenliteratur. Diejenigen, die solche Literatur schrieben, hatten einen schweren Stand.

Ab September 1945 griff die amerikanische Zensur.[1] In Japan durfte nicht einmal die Tatsache, dass Atombomben abgeworfen worden waren, erwähnt werden, geschweige denn, was sie angerichtet hatten. Noch durfte die Zensur selbst erwähnt werden. Sadako Kurihara, Überlebende von Hiroshima und Dichterin, bemerkte dazu später: «Es war nicht einmal erlaubt, Spuren zu hinterlassen, die darauf hinwiesen, dass die Zensoren etwas gestrichen hatten. All das im Namen der Meinungsfreiheit.»[2] Hatte doch die Potsdamer Erklärung versprochen, in Japan «die Freiheit der Rede, der Religion, der Meinung und die Achtung der fundamentalen Menschenrechte» durchzusetzen.

Dank Amerikas ambivalenter Rolle als Eroberer und Befreier waren die japanischen Reaktionen auf die Zensur auch zwiespältig. Insbesondere linke Intellektuelle begrüßten die Amerikaner dankbar als Sieger über das militaristische Regime, gegen das sie jahrelang opponiert hatten. Sie waren deshalb zunächst geneigt, wohlwollend über die Zensur als eine notwendige Maßnahme hinwegzusehen. Es waren eher konservative Literaturkritiker wie Jun Etō, die die Zensur der Besatzungsmacht als Angriff auf den japanischen Geist und die japanische Kultur beklagten und ihr später einen zersetzenden Effekt bescheinigten.³ Das Kriegsende öffnete in Japan ein intellektuelles Ventil. Das literarische Leben blühte auf. Schon wenige Monate nach der Kapitulation erschienen Literaturzeitschriften wieder, die während des Krieges verstummt waren. Neue wie *Shin Nihon Bungaku* («Neue japanische Literatur») wurden gegründet, Dichter und Schriftsteller aller Gattungen waren extrem produktiv und fanden ein breites interessiertes Publikum.⁴ Aber kaum einer widmete sich der atomaren Zerstörung. Die Verliererpsychologie und die Sehnsucht nach Frieden trugen dazu bei, dieses heiße Eisen nicht anzufassen. Die Schriftsteller nahmen eine an Selbstzensur grenzende Haltung ein, die darauf ausgerichtet war, Konflikte mit denjenigen zu vermeiden, die sie von dem repressiven Regime der japanischen Zensur vor und während des Krieges befreit und ihnen die neue Ausdrucksfreiheit ermöglicht hatten. Sie sparten deshalb das heikle Thema aus. So, wie die japanische Regierung es vermied, Washington gegenüber den Eindruck zu erwecken, revanchistische Absichten zu hegen, umgingen viele Intellektuelle jede Auseinandersetzung mit der Zensurbehörde.

Hinzu kam die Schwierigkeit des Themas. Ähnlich wie der Völkermord an den Juden warf die Zerstörung Hiroshimas und Nagasakis für manche Intellektuelle die Frage auf, ob oder wie danach noch Dichtung und Literatur möglich sei. Zwar unterscheidet die beiden organisierten Massentötungen vieles voneinander, aber die Schwierigkeiten der schreibenden Zunft, mit dem Gegenstand umzugehen, waren vergleichbar. Einflussreiche Literaturkritiker befanden, dass manche Themen den Rahmen der Literatur sprengten. Hiroshima wäre eines davon. Für viele Literaten entsprach dieses Verdikt nur ihrer Vorstellung von «reiner Literatur» (*jun-bungaku*). Diese sehr stark auf die Innerlichkeit gerichtete Literatur hatte keinen Platz für Politik und Zeitgeschichte. Krieg, Vernichtung, Okkupation, Versöhnung, Gehorsam und Widerstand waren keine Themen, deren Behandlung das Prädikat «reine Literatur» verdiente. Der Kritiker Mitsuo Nakamura charakterisierte die Einstellung der japanischen Schriftsteller so: «Die Kulturpolitik der amerikanischen Militärverwaltung legte den größten

Nachdruck auf die Bildung, und jeder weiß, wie streng ihre Kontrolle von Presse und Radio war. Selbst wenn davon etwas auf die Zeitschriften abfärbte, war das für unsere Schriftsteller doch ohne Belang, denn praktisch keiner von ihnen hatte irgendein Interesse für Politik und Bildung.»⁵

Manche Schriftsteller waren zwar anderer Meinung und hielten dagegen, dass gerade Literaten sich der Realität stellen müssten, im nuklearen Zeitalter zu leben, um mit ihrem Werk dazu beizutragen, zu verstehen, was das für die Menschheit bedeutet. Sie blieben aber stets eine kleine Minderheit. Auch nach der Lockerung der Zensur 1949 und dem Ende der Besatzungszeit 1952 wurde Hiroshima nicht zu einem großen Thema der japanischen Literatur. Schuld daran waren nicht zuletzt die Vertreter des literarischen Establishments Japans und ihre «sture Weigerung, Atombombenliteratur als Literatur anzuerkennen».⁶ Die Marginalisierung der Literatur, die Hiroshima und Nagasaki thematisierte, entsprach auf bedrückende Weise der Marginalisierung der Atombombenopfer. Erst 1952, nach Beendigung der Besatzung, entschloss sich die japanische Regierung zu speziellen Hilfsprogrammen für sie. Die Gesellschaft und der Staat als ihr Vertreter wollten sich nach Kriegsende nicht mit Hiroshima und Nagasaki beschäftigen, und das war leicht, gab es doch genug andere Probleme, die Aufmerksamkeit verlangten.

Für alle, die sich dennoch mit dem Thema beschäftigten, war es eine sehr schwierige Frage, welche Aspekte des großen Sterbens literarischer Formgebung zugänglich waren. In Hiroshima gab es keinen Widerstand, nicht einmal die Möglichkeit zu einem solchen. Die Todeslager der Nazis gehorchten einer industriellen Effizienz, der Vernichtungslogik auf höchstem Niveau, unter deren Voraussetzung sich die Opfer jedoch zum Widerstand entschließen konnten. Menschen wurden zu Objekten, aber ein Aufbegehren des Subjekts im Tod war möglich. In Hiroshima waren Gesten des Widerstands nicht nur aussichtslos, sondern gar nicht möglich. Die Vernichtung galt nicht einmal den Opfern selbst, den Bewohnern Hiroshimas, denn das Publikum, für das das Schauspiel ihrer Tötung gedacht war, saß in Tokyo und in Moskau. Unheroisch, anonym und sinnlos war die Gewalt, der die Einwohner Hiroshimas zum Opfer fielen. Wie sollte man ihr ein literarisches Sujet abgewinnen? Manche Literaten fanden auf diese Frage keine Antwort oder keine solche, die sie für angemessen hielten. Da sie jedoch gleichzeitig die unabweisbare Notwendigkeit empfanden, die Erinnerung an den nuklearen Horror wach zu halten und nicht darüber zu schweigen, zogen einige die Konsequenz und nahmen sich das Leben, etwa Kikuya Haraguchi und Tamiki Hara.

Verzweiflung lässt keine Literatur entstehen. Unter dem Eindruck des zu Ende gegangenen Weltkriegs schrieb Albert Camus im Oktober 1945:

Jede Literatur der Verzweiflung stellt einen Grenzfall dar. [...] Das Bemerkenswerte am Menschen ist nicht, daß er verzweifelt, sondern daß er die Verzweiflung überwindet und vergißt. Eine verzweifelte Literatur wird nie allgemeingültig sein. – Eine allgemeingültige Literatur kann sich nicht bei der Verzweiflung aufhalten.[7]

Die Kraft, die von den Bomben erzeugte Verzweiflung zu überwinden, hatten nur wenige, und sie mussten sich nicht nur gegen das Desinteresse des Publikums, sondern auch gegen den aktiven Widerstand der Literaturkritik durchsetzen, die die Atombombenliteratur als provinzielle Literatur provinzieller Autoren über ein lokales Thema betrachtete und ihr den Rang nationaler Literatur verwehrte. Nur einigen gelang es, diese Ausgrenzung zu überwinden. Die Namen der anderen fallen rasch dem Vergessen anheim, trotz mancher Versuche, das zu verhindern. So veranstaltete die Bürgerinitiative «Für die Literaturarchive Hiroshimas» im Sommer 2001 eine Ausstellung mit Materialien von fünf Schriftstellern, die sich der Atombombe gewidmet haben: Tamiki Hara, Yoko Ota, Kurihara Sadako, Shinoe Shoda und Sankichi Toge. Als anerkannte Schriftsteller und wegen der literarischen Qualitäten ihrer Werke werden nur wenige erinnert.

Masuji Ibuses (1898–1993) Roman *Kuroi ame* («Schwarzer Regen») ist in Japan *das* literarische Werk über die Atombombe. Bis Anfang der 1990er-Jahre waren über zwei Millionen Exemplare verkauft. Auch international erlangte es durch Übersetzungen in etliche Sprachen eine gewisse Bekanntheit.[8]

Ibuse hatte keine eigene Erfahrung. Zwar war er in der Präfektur Hiroshima geboren und kannte die gleichnamige Stadt gut, aber er gehörte nicht zu den überlebenden Opfern. Trotzdem zeichnet seinen Roman eine Unmittelbarkeit aus, wie sie wenigen anderen Autoren gelungen ist. Erreicht hat Ibuse das durch Recherchen vor Ort und die Verarbeitung der eigenen Betroffenheit durch persönliche Beziehungen. Bevor und während er an dem Roman arbeitete, hielt er sich viel in Hiroshima auf und sprach mit mehr als 50 Überlebenden über ihre Erlebnisse und ihr Schicksal. Er erwarb Tagebücher, die er in den Roman zum Teil im wörtlichen Zitat einfließen ließ. Andere Tagebücher erfand er auf der Grundlage der Gespräche, die er geführt hatte. Ibuse betonte deshalb oft den dokumentarischen Charakter seines Buches, in dem er authentische Zeugnisse mit fiktiven zu einem Mosaik montierte, das dem Leser viele Aspekte der unzerstörten Stadt in der schönen Landschaft an der Inlandsee nahe bringt und dadurch der Heimsuchung Hiroshimas aus der Perspektive der kleinen Leute Kontur gibt. Trotz der Zeugnisse Überlebender, die es enthält, ist das Buch kein Protokoll, sondern ein Stück literarischer Prosa.

«Schwarzer Regen» ist kein bombastisches, sondern ein bescheidenes, leises Buch, das gerade deshalb und wegen der neuartigen realistischen Fiktionalität von der Kritik gelobt wurde. Als die Geschichte 1965 zuerst als Serie in der Literaturzeitschrift *Shinchō* erschien, war Ibuse bereits ein bekannter Schriftsteller, der auf ein reiches Œuvre vor allem historischer Romane zurückblickte. Schon sein Name garantierte für eine gewisse Aufmerksamkeit. Positiv reagierten die Literaturkritiker besonders darauf, dass weder die Tagebücher der Atombombenopfer, die er verarbeitete, noch die von ihm selbst verfassten Teile des Werkes von Politik, Krieg, der Zukunft der Menschheit oder anderen «großen» Konsequenzen der Bombe sprechen. Ibuse macht in keiner Weise den Versuch, die Katastrophe in ihrer Totalität zu erfassen und zu bewerten. Vielmehr schildert er persönliche Probleme, individuelles Leid, alltägliche Ereignisse, die Jahre später von der Bombe überschattet werden. Diese politische Abstinenz trug ihm das Lob der Kritik ein, die noch immer mehrheitlich Kunst und Politik für unvereinbar hielt und schon deshalb gegen Atombombenliteratur als ein eigenes Genre war.

Ibuses Absicht war es nicht, ein großes Werk über ein großes Thema zu schreiben, aber gerade sein Sinn fürs Detail und seine Vertrautheit mit dem Alltagsleben der Menschen, ihren Gepflogenheiten und Sorgen, die er erzählerisch ausmalt, lassen die erbarmungslose Gewalt der nuklearen Destruktion erschreckend eindringlich werden. Inhalt des Buches ist die Geschichte von Shizuma Shigematsu, eines Freundes des Autors, «der von der Atombombe betroffen war». Er ist der Vater einer Durchschnittsfamilie, die auf dem Land lebt und ihren alltäglichen Verrichtungen nachgeht, wobei alle Mitglieder auf ihre Weise die Folgen der Bombe zu spüren bekommen. Amerika kommt in ihrer Geschichte nicht vor. Über das Leben nach Hiroshima und darüber, was Hiroshima in einem über hundert Kilometer entfernten Dorf bedeutet, wird unsentimental und ohne Sensationsgier erzählt.

Eines der Probleme der Familie, das immer mehr an Dringlichkeit gewinnt, ist die Verheiratung der Nichte Yasuko, für die Shizuma als Familienoberhaupt die Verantwortung trägt. Hierbei handelt es sich um eine zu der Zeit durchaus normale soziale Pflicht, die jedoch eine Wendung erfährt, die vor dem 6. August 1945 nicht möglich gewesen wäre. Die Chancen, für Yasuko einen passablen Mann zu finden, sind schlecht, was für die Familie immer mehr zur Belastung wird. Denn es hält sich hartnäckig das Gerücht, sie habe bei Kriegsende in Hiroshima gearbeitet und leide unter der Strahlenkrankheit, die viele damals noch für ansteckend hielten. Die soziale Stigmatisierung der Opfer, die fatalen psychischen und sozialen Spätfolgen der Atombombe und die medizinische Tatsache, dass es unmöglich ist, die von ihr verursachten seelischen klar von den körperlichen Leiden zu unterscheiden, werden in Ibuses Erzählung auf eine Weise konkret, die den Einbruch der Atombombe in das vom Weltgeschehen sonst unberührte Landleben unmittelbar verständlich macht. Die Katastrophe wird dadurch keineswegs verharmlost, vielmehr wird ihre Reichweite durch Ibuses kunstreiche Montagetechnik aus der Anonymität der Zahl herausgehoben und für den Leser fassbar.

Notizen aus Hiroshima

Wie Ibuse hatte auch Kenzaburō Ōe (*1935) die Bombardierung Hiroshimas nicht selbst erlebt und sich seine Kenntnisse davon durch Besuche in der Stadt und Gespräche mit Überlebenden angeeignet. Die Aufzeichnungen davon hat er in dem Buch *Hiroshima nōto* («Notizen aus Hiroshima») veröffentlicht. Ganz anders als Ibuse nimmt Ōe jedoch politisch Stellung und sieht darin einen wichtigen Auftrag des Schriftstellers. Am Beginn seiner Karriere als Literat stand das Studium der französischen Literatur. Seine Sympathie für Jean-Paul Sartres Literaturtheorie der *littérature engagée* und seine kritische Haltung gegenüber dem politischen Establishment Japans stießen bei der Literaturkritik auf großen Unmut. Dessen ungeachtet fand er jedoch sein Publikum und erlangte als moralische Stimme, die keine Kompromisse machte, internationalen Ruhm, der 1994 mit dem Nobelpreis gekrönt wurde.

Hiroshima nōto ist ein eminent politisches Buch, in dem Ōe aus seiner moralischen Empörung über die Bombardierung und über den Umgang mit den Opfern keinen Hehl macht. Dennoch will er es als literarisches Werk verstanden und anerkannt wissen. Die Aufgabe des Schriftstellers ist es ihm zufolge auch, eine aktive Rolle im Kampf um die Erinnerung zu spielen: «Erinnern, erinnern *gegen* das Vergessen»,[9] und die Literatur ist das Medium dafür. Über Hiroshima schreiben, hat für Ōe unvermeidlich politische Konsequenzen, muss ein politischer Akt sein. Atombombenliteratur hat sich der Geschichte zu stellen und kann nie die Augen vor der besonders brutalen Realität des Zweiten Weltkriegs verschließen, vor Macht, Konfrontation und Gewalt. Diese Themen sind nicht dem politischen Traktat vorbehalten; sie sind auch eine Herausforderung für die Literatur, die sich mit den Grundfragen der menschlichen Existenz auseinander zu setzen hat.

Über die Welt der Menschen denken heute nur wenige in dualistischen Begriffen von Gut und Böse. Das ist aus der Mode gekommen. Aber im Universum des Bewusstseins des einzelnen Atombombenopfers erschien plötzlich eines Sommers das absolute Böse. Um in der Welt wieder ein menschliches Gleichgewicht herzustellen und diesem Bösen zu widerstehen, musste es deshalb auch ein ebensolches Gutes geben. Mit dem Augenblick ihrer Explosion wurde die Atombombe zum Symbol alles von Menschen ersonnenen Bösen. Sie war ein wilder Dämon und zugleich die allermodernste Pest. Der Versuch, ihr eine positive Bedeutung als zur rascheren Beendigung des Krieges notwendige Waffe zu geben, konnte aber nicht einmal den Soldaten, die den Angriff ausgeführt hatten, inneren Frieden geben. Alliierte und japanische Truppen, Angreifer und Angegriffene, Plus und Minus umfassend, verkörperte die Atombombe das absolute Böse des Krieges.[10]

Die Literatur des zwanzigsten Jahrhunderts hat sich mit verschiedenen Extremsituationen beschäftigt. Gewöhnlich ging es dabei um das Böse im Menschen oder im Universum. – Wenn das Wort «Böse» moralistische Assoziationen weckt, kann es auch durch Absurdität ersetzt werden. – Krieg, Sturm, Überschwemmung, Seuche und Krebs. In all solchen Situationen gibt es normalerweise Zeichen der Hoffnung. Sie finden sich nicht in den furchterregenden Formen der Krise, sondern im Willen zum Guten und in der Ordnung und Rationalität, die im schwachen Licht des Alltagslebens aufscheint.[11]

Obwohl er mehrfach betonte, dass wir noch weit davon entfernt sind, die Konsequenzen der Atombombe für die Menschheit ausgelotet zu haben,[12] richteten sich Ōes Anstrengungen, wie die zitierten Stellen erkennen lassen, doch eben darauf. Der Bezugsrahmen, das macht die Anspielung auf Albert Camus mit der Kennzeichnung der Atombombe als «allermodernster Pest» deutlich, ist für Ōe der Existenzialismus. Nur allgemeine Überlegungen anzustellen, ohne die individuelle Erfahrung der Opfer in Betracht zu nehmen, verbot sich für ihn deshalb. Die Kalamität Hiroshimas verlangt es, auf die Frage «was ist der Mensch» neue Antworten zu suchen.

Hiroshima ist für Ōe ein Ort, an dem die menschliche Existenz eine Neudefinition erfährt, die er in der Rationalität des Alltagslebens erblickt, die die Atombombenopfer noch inmitten der Hölle auf Erden anzuerkennen bereit waren. Ōe beeindruckt nicht nur die Leidensfähigkeit der Überlebenden und die Opferbereitschaft der Ärzte unter ihnen, die sich unter unsagbaren Umständen um die Verwundeten kümmerten, sondern auch die Geduld der Menschen von Hiroshima, «die keine besonderen Anstrengungen unternahmen, denjenigen, die die Bombe abgeworfen hatten, zu zeigen, was sie Furchtbares getan hatten»[13] und dadurch in größter körperlicher und seelischer Not ihre Würde bewahrten, ja der Menschenwürde eine neue Bedeutung gaben.

Hiroshima nōto enthält zahlreiche Berichte einzelner Opfer, die Ōe zum Teil selber ausführlich zu Wort kommen lässt. Er sieht ihre Sinne und ihre Beobachtungsgabe durch das, was sie erlebt haben, geschärft und erkennt seine Aufgabe darin, dazu beizutragen, dass diese Erfahrungen weitergegeben werden, denn «so, wie die Jahre verstreichen, zwanzig seit dem Atombombenabwurf, ist es nicht mehr schwer, das konkrete Leid von Hiroshima zu vergessen».[14]

Die Glocken von Nagasaki

Gegen das Vergessen schrieb auch Takashi Nagai (1908–1951), obschon mit anderem Impetus als Ōe. Nagai hatte die Bombardierung Nagasakis aus nächster Nähe erlebt und, geschützt von den Betonmauern eines Krankenhauses, überlebt. Er war Radiologe und sah sich deshalb als Wissenschaftler und Betroffener nach eigener Auskunft einmalig qualifiziert, von der Tragödie Zeugnis abzulegen. Sein Bericht ist der kenntnisreichste und durch die schonungslose Ausbreitung aller horrenden Details von den ersten Augenblicken und Tagen nach der Explosion bis zu den Spätfolgen der radioaktiven Verseuchung erschütterndste von allen. Mit akribischer Genauigkeit schildert Nagai seine eigenen Beobachtungen: den anfänglichen Schock; die medizinischen Hilfsdienste, die er, selbst verletzt, im Angesicht von Feuersturm und Verwüstung tagelang zwischen Leichen umhersteigend an Verletzten verrichtete; die aufdämmernde Vermutung, dass Nagasaki von einer Atombombe getroffen worden war, die Tage später durch über den Ruinen von den Amerikanern abgeworfene Flugblätter bestätigt wurde; bis zu den an sich selbst diagnostizierten, schon bald einsetzenden Symptomen der Strahlenkrankheit, der er schließlich 1951 erlag.

Nagai schrieb seinen Bericht bald nach der Bombardierung. Der nach langer Mühe von Freunden gefundene Verleger gab ihm den Titel *Nagasaki no kane* («Die Glocken von Nagasaki»), der sich auf die Glocken der nach der Bombardierung niedergebrannten Kathedrale von Urakami bezieht. Das Erscheinen des Buches 1949 konnte Nagai noch erleben. Unter der Auflage, in dem gleichen Band eine ausführliche Darstellung japanischer Kriegsverbrechen in den Philippinen aufzunehmen, ließ die Zensur die Veröffentlichung zu, denn Nagais Bericht enthält Passagen, die durchaus im Sinne der Besatzungsmacht waren. Anders als Ibuse und viele andere stellt Nagai die Schuldfrage und beantwortet sie eindeutig:

Wer aber hat diese schöne Stadt Nagasaki in einen Aschenhaufen verwandelt? *Wir* sind es – das Volk, das diesen verruchten Krieg begonnen hat. Wer ist es, der diese tätige, lebensprühende Stadt in ein gigantisches Krematorium, einen einzigen Gräberwald verwandelt hat? *Wir* sind's. «Wer das Schwert zieht, der wird durch das Schwert umkommen.» Wir, die Bürger, haben diese Warnung kaltlächelnd mißachtet und weiterhin Kriegsschiffe und Torpedos hergestellt.[15]

Nagai, der mit zweitem Vornamen Paul hieß, war Christ und ließ sich durch die Erfahrung der Zerstörung seiner Stadt, der auch seine Frau, viele seiner Studenten, Kollegen und Freunde zum Opfer fielen, in seinem Glauben nicht beirren. Er begriff sie im Sinne der christlichen Eschatologie. Über die Nacht vom 9. auf den 10. August schrieb er:

Ich blickte zum Nachthimmel empor, wo noch die unheilvolle radioaktive Wolke in der makabren Beleuchtung schwebte. Seltsame Gedanken bewegten mein Gemüt. Wo würde sich die Wolke hinwenden, was war ihr Sinn? Bedeutete sie Segen oder Vernichtung? Stand sie im Dienst der Gerechtigkeit oder des Unrechts?[16]

Die Antwort, die er auf diese Frage gibt, steht ganz im Gegensatz zu Ōe, der den Versuch, in der Zerstörung durch Kernwaffen eine positive Kraft zu sehen, zurückweist und nur in der würdevollen Haltung der Opfer Grund zur Hoffnung sieht. Nagai sucht «in einer Welt der Toten» nach dem Positiven, um an seinem Glauben festhalten zu können, wobei er so weit geht, den zerstörten Stadtteil Urakami, wo die größte christliche Kathedrale Japans stand, als von Gott zum Opfer auserwählt zu bezeichnen.

Ist nicht Urakami, der einzige heilige katholische Distrikt Japans, erwählt worden, um durch Brand und Vernichtung als Opfer auf dem Altar dargebracht zu werden und als Sühne für die im Weltkrieg von der Menschheit begangenen Sünden?[17]

Die Frage, wieso die Zerstörung Nagasakis nicht ihrerseits eine Sünde war, stellte Nagai nicht. Trotz der Logik von Sünde, Sühne, Erlösung und Gottesfurcht, die japanischen religiösen Vorstellungen fremd ist, wurde Nagais Buch viel gelesen. Es beinhaltete den ersten authentischen Bericht, der durch sachkundige Reflexionen über die Technik, die medizinischen Implikationen und die Zukunft der Menschheit im angebrochenen Atomzeitalter ergänzt wird. Die dem unbewaffneten Auge nicht sichtbaren atomaren Teilchen, aus denen die Welt besteht, erlangen für Nagai konkrete Realität, indem sie menschliches Gewebe, auch das seines eigenen Körpers, vergiften und zerstören. Darin erkennt er das Werk einer unergründlichen göttlichen Macht. Die christlichen Elemente seiner Reflexion, die den Zensoren zweifellos genehm waren, stellen jedoch nur einen kleinen Teil des Ganzen dar und schmälern den Eindruck seiner Schilderung nicht. Sein Bericht macht auch Leser betroffen, die mit der Einordnung des Geschehenen in ein christliches Weltbild nichts anfangen können.

Nagai war Arzt, nicht Schriftsteller und brauchte sich, da er

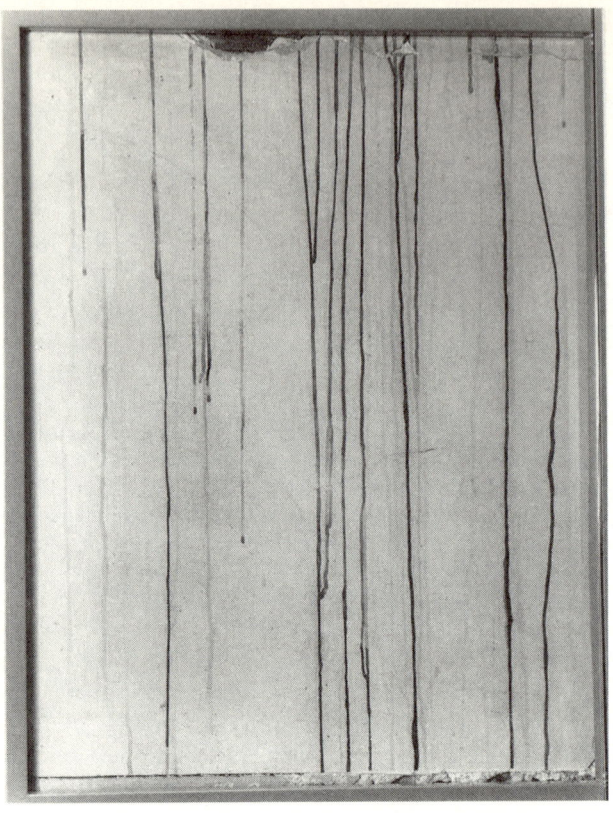

Schwarzer Regen. Spuren des atomaren Niederschlags an einer
Wand in Hiroshima.

«keinen literarischen Ehrgeiz hatte, um den Stil keine Sorgen zu
machen».[18] Wegen der Intensität und unabweisbaren Glaubwürdigkeit dieses auf dem Krankenbett des Todgeweihten verfassten
Werks wuchs den «Glocken von Nagasaki» dennoch literarischer
Rang zu. Zwei Gründe nannte er für seine Niederschrift: Er wollte
einen wahrheitsgetreuen Bericht des Geschehenen hinterlassen
und damit einen Appell gegen den Krieg verbinden. Insofern, als

dass «Die Glocken von Nagasaki» zum Kanon der Atombombenliteratur gehört und noch immer viel gelesen wird, ist ihm das gelungen. Nagais Buch ist und bleibt der wissenschaftlich genaueste
Augenzeugenbericht der tödlichen Auswirkungen von Kernwaffen. Aber in dem Maße, wie alle Werke dieses Genres aus zeitge-
nössischen zu historischen Werken werden, wird es schwieriger,
ihre bleibende Relevanz für die Gegenwart zu vermitteln.

Die Weitergabe

Die Bücher von Masuji Ibuse, Kenzaburō Ōe und Takashi Nagai,
die hier stellvertretend für andere genannt wurden, haben viel
dazu beigetragen, der Auslöschung Hiroshimas und Nagasakis
einen Platz im kollektiven Gedächtnis der japanischen Nation und
ein wenig darüber hinaus zu sichern. Die Werke sind so unterschiedlich wie ihre Autoren und ihre Beweggründe. Was sie miteinander verbindet, ist, dass sie zu einem abgeschlossenen Genre
gehören, das nicht mehr fortgeschrieben wird. Einen Erfahrungs-
bericht wie «Die Glocken von Nagasaki» kann es nie mehr geben,
und auch der unmittelbare Kontakt des Autors mit den Betroffenen, der Ibuses «Schwarzer Regen» ebenso wie Ōe «Notizen aus
Hiroshima» prägt, ist trotz der Tatsache, dass es Opfer der zweiten Generation gibt, nicht mehr möglich. Das bedeutet zwar nicht,
dass über die nukleare Zerstörung und die Bedrohung durch
Kernwaffen keine Literatur mehr geschrieben werden kann, aber
sie wird einen historischen Charakter haben, denn «es ist nicht
einfach, ein Ereignis nachzuvollziehen, das vor mehr als einem
halben Jahrhundert geschah».[19]
Das schreibt der Fotograf Hiromi Tsuchida, der mit Bildern von
Opfern, Ruinen und grotesk entstellten Artefakten aus Hiroshima
und Nagasaki versucht, die Erfahrung weiterzugeben und die
sprachliche Gestaltung dabei als Mittel einzusetzen.[20] Den Schülern einer neunten Klasse wurden die von ihm zusammengestellten
Fotos gezeigt, damit sie darüber Gedichte schrieben. Die sprachliche Verdichtung zwingt zur Konzentration und zu der beabsich-

tigten Reflexion. Es soll vermittelt werden, dass das, was in Hiroshima und Nagasaki geschah, auch für die heute junge Generation von Bedeutung ist. Ein kleiner Versuch, mit Literatur dem Vergessen entgegenzuwirken.

Schwarzer Regen

Starker schwarzer Regen fiel
Pflanzen verdorrten
Menschen wurden krank

Die weiße Mauer
Schwarz gezeichnet
Bis zum heutigen Tag

Wann wird dieses Mal des Hasses und der Trauer
Ausgelöscht?

Ach,
Möge doch jemand dieses Mal schnell auslöschen

Ryōsuke Matsumoto[21]

VI. Zeugnisse Überlebender

Vor dem 6. August lebten in Hiroshima mehr als 300 000 Menschen. Trotz der katastrophalen Dezimierung der Bevölkerung überlebten viele die Bombardierung, aber niemand ohne bleibende Schädigung. Zeugnisse davon gibt es in großer Zahl. Sie wurden von den Opfern teils aus eigenem Beweggrund geschrieben, teils von anderen für Dokumentationszwecke gesammelt. Allen gemein ist das Motiv, das Unerhörte und Unvergleichliche der höllischen Erfahrung für kommende Generationen festzuhalten und nicht auf einen Beitrag zur horrenden Gesamtzahl der Toten des Zweiten Weltkriegs reduzieren zu lassen. Aus manchen von ihnen geht das Besondere dieser Katastrophe, die die Menschen traf, ohne dass sie wussten, was ihnen geschah, deutlich hervor, auch oder gerade wegen ihrer sprachlichen Einfachheit. Je früher sie entstanden, desto stärker ist ihre Wirkung.

Gedenken statt Rechtfertigung

Die Aufzeichnungen, die Tōyōfumi Ogura in den Monaten nach dem 6. August niederschrieb, waren der erste Augenzeugenbericht von Hiroshima, der veröffentlicht wurde. Er hat die Form von 13 Briefen an seine Frau, die an der Verstrahlung gestorben war. Ursprünglich nicht für die Veröffentlichung gedacht, sind sie sehr persönlicher Natur, ein Versuch, das Geschehene zu begreifen und mit dem Verlust der Lebensgefährtin fertig zu werden. Ogura war Professor für japanische Geschichte, und drei Jahre nach Kriegsende, als noch kein Augenzeugenbericht erschienen war, wurde er von einem Verleger aufgefordert, einen Bericht über die Zerstörung der Stadt zu verfassen, wozu er sich aber wegen zu großer Arbeitsbelastung nicht in der Lage sah. Stattdessen überließ er dem Verlag seine Tagebuchaufzeichnungen, die dann in leicht überarbeiteter Form veröffentlicht wurden.

Der Bericht passierte die amerikanische Zensur, weil er den Abwurf der Bombe nicht kritisierte. Das unterließ Ogura nicht, um die Publikation möglich zu machen, sondern weil die Monstrosität des Erlebten sein Menschenbild und seine Vorstellung von Geschichte geändert hatte. «Japan zu rechtfertigen, ist was japanische Historiker immer getan haben», schreibt er im letzten Brief. «Wenige Historiker – selbst die, die sich dem Ideal der Wissenschaftlichkeit verpflichtet fühlen – waren völlig frei von der Neigung, Japans Verhalten in der Vergangenheit zu rechtfertigen. Ich gehörte zu den vielen, die sich an dieser beschämenden Selbsttäuschung beteiligten. Es ist an der Zeit für mich, noch einmal von vorn zu beginnen.» Um den Risiken tendenziöser Geschichtsschreibung zu entgehen, in der er eine der Ursachen für die von einzelnen nicht mehr zu kontrollierenden Feindseligkeiten zwischen Staaten und Völkern erblickte, verzichtete er auch in der veröffentlichten Version seiner Aufzeichnungen auf jegliche politische Stellungnahme. Seinem Manuskript gab er den Titel: «Briefe an meine dahingegangene Frau: Erinnerungen an die atomare Bombardierung Hiroshimas». Der Verleger wählte für das Buch einen anderen Titel: *Zetsugo no kiroku*, «Aufzeichnungen ohne Beispiel».[1]

Ogura wollte nach dem Krieg ins Kloster gehen und Mönch werden, wurde aber von seinen wenigen überlebenden Kollegen an der Universität überredet, zu bleiben und sich an ihrem Wiederaufbau zu beteiligen. Sein Bericht ist ein wichtiger Beitrag zur Geschichte von Hiroshima, nicht obwohl, sondern weil er nicht als Historiker schreibt, nicht aus der Perspektive des Wissenden, sondern aus der des Betroffenen, dessen anfängliche Vermutung, ein Munitionslager sei getroffen worden, sich nur langsam in die Einsicht verwandelte, zum Zeugen der ersten gezielten Massenvernichtung mit einer Atombombe geworden zu sein. Die schlichte Prosa seiner Briefe an die unter seiner Hand qualvoll gestorbene Frau macht dieses Zeugnis des Gedenkens des Schicksals einer einzelnen Person, das sich in Hiroshima hunderttausendfach wiederholte, zu einem wichtigen historischen Dokument.

Aufzeichnungen aus der verwüsteten Stadt machte auch Michihiko Hachiya. Wie Takashi Nagai[2] war er Arzt. Sein Tagebuch beginnt kurz nach der Bombardierung Hiroshimas und reicht bis Ende September 1945.[3] Hachiya war Direktor eines Krankenhauses, zu dem er sich mit seiner Frau schwer verletzt retten konnte, nachdem sein Haus niedergebrannt war. Etwa 1800 Meter vom Zentrum der Explosion entfernt, blieb es teilweise stehen und wurde zum Ziel eines Stroms von Verletzten, die zu Hunderten dort medizinische Versorgung suchten. Hachiyas Schilderung des entstehenden Infernos, in dem nur gestorben und gelitten wurde, ist sachlich und geht in die Details der massenhaft geschundenen menschlichen Existenz, ohne dass er den Blick für den Einzelnen verliert. Da er selbst, wie der Leser eher beiläufig erfährt, 150 Wunden am ganzen Körper hatte, ist kaum vorstellbar, woher er die Energie zu seinen Aufzeichnungen nahm, die schon deshalb exzeptionell sind.

Das Entsetzen angesichts der miterlebten Katastrophe unbekannter Ursache teilt sich ebenso mit wie die quälende Suche nach einer Erklärung für das, was geschehen war. Schon wenige Tage nach der Bombardierung regt sich der fragende Geist des Arztes und des Wissenschaftlers wieder. Hachiya beginnt über die Symptome der Patienten nachzudenken, wobei er sich selbst beobachtend die Rückkehr seiner wissenschaftlichen Neugier als gutes Zeichen verbucht. Er schwankt zwischen der Verzweiflung, die ihm das Gefühl gibt, dass die Zeit selber keine Bedeutung mehr hat,[4] und dieser Neugier. Ihr nachzugehen, konnte dem Weiterleben einen Sinn geben, denn mehr noch als in anderen Wissenschaften ist das Verständnis eines Problems in der Medizin der erste Schritt zu seiner Lösung.

Die Natur des Schlags, der Hiroshima getroffen hatte, lag völlig im Dunkeln, aber Hachiya erkannte schon bald, dass die Verbrennungen und die massenhaften Todesfälle von einer unbekannten Kraft herrührten. Zunächst dachte er an plötzliche atmosphärische Druckänderungen und, nachdem sich Berichte von Toten mit scheinbar unversehrten Körpern häuften, an Giftgas. Auch biologische Kampfstoffe zog er in Erwägung. Nach sechs Tagen wurde bekannt, dass Hiroshima von einer Atombombe getroffen worden war, aber niemand wusste, was das bedeutete und warum die Menschen nicht aufhörten zu sterben, ja, die Sterbefälle nach zwei Wochen wieder zunahmen.

Durch Beobachtung der Symptome der (in Korridoren, Toiletten und unter Treppen liegenden) Patienten und die Aufzeichnung ihrer Geschichten entwickelte Hachiya die Hypothese, dass «die Wahrscheinlichkeit zu sterben desto größer war, je näher die Patienten dem Zentrum der Explosion gewesen waren».[5] Bestandteil dieser Hypothese war die Korrelation der Zahl der weißen Blutkörperchen mit der Nähe der Patienten zum Hypozentrum. Damit hatte Hachiya einen wichtigen Aspekt der Strahlenkrankheit aufgedeckt, und es gelang ihm, einen Bericht darüber zu verfassen, der am 12. September von der *Sangyō Keizai Shinbun* gedruckt wurde. Es blieb der einzige Bericht seiner Art, denn unmittelbar danach wurden alle Veröffentlichungen zu dem Thema von den Amerikanern unterdrückt.

Hachiyas Tagebuch handelt von dem, was um ihn herum geschah. Dazu gehörte auch die Radioansprache des Kaisers, aus der das Volk am 15. August die Kapitulation Japans erfuhr. Für ihn und alle, die mit ihm unter grotesken Umständen das halbzerstörte Krankenhaus bewohnten, war das «ein größerer Schock als die Bombardierung der Stadt».[6] Das Gefühl von Verlassenheit, Trauer und Orientierungslosigkeit und die unabweisbare Einsicht, dass all das unsägliche Leiden umsonst gewesen war, überwältigten die in völliger Erschöpfung Dahinvegetierenden. Dennoch findet sich in Hachiyas Tagebuch kein Wort des Hasses auf Amerika oder auch nur auf die Befehle empfangenden und ausführenden Soldaten. Gefühle des Hasses kommen in ihm nur gegen die japanische Regierung unter General Tōjō auf, unter dessen Führung Japan den Krieg begonnen hatte. Sie stehen in starkem Kontrast zu der dem Tennō entgegengebrachten Verehrung, ja Liebe. Von dessen Verwicklung in die Kriegspolitik wusste Hachiya nichts. Vielmehr lässt sein Bericht aus der in menschlichem

Leid versinkenden Ruine seines Krankenhauses deutlich erkennen, wie tief die Kaiserverehrung in der japanischen Bevölkerung verwurzelt war. Am Abend des 15. August schrieb er:

Mein Mut sank mit der untergehenden Sonne. Alle auf der Station sorgten sich um den Kaiser und auch mich überkam ein Gefühl der Trauer, wenn ich an ihn dachte.[7]

Dennoch begegnete Hachiya Amerikanern schon wenige Wochen nach der Zerstörung seiner Stadt ohne Ressentiment. Im 1952 verfassten Nachwort seines Tagebuchs schrieb er:

Dieses Tagebuch behandelt die schlimmste Zeit, die wir je durchstehen mussten. Gegen Ende September kamen uns viele amerikanische Soldaten besuchen. Wegen meiner Krankheit konnte ich zwei oder drei Wochen nicht arbeiten. Als ich wieder etwas gesünder und kräftiger war, suchte mich Professor Sasa von der Universität von Tokyo auf, der eine amerikanische Forschergruppe mitbrachte. Diese Gruppe blieb etwa einen Monat in Hiroshima, um die Strahlenkrankheit zu untersuchen. […] Doktor Loge und Oberst Hall betrachteten die Sache aus einem breiteren Blickwinkel, viel breiter als meiner, und diese beiden Ärzte tilgten die Angst und die Feindschaft aus unseren Herzen.[8]

Katastrophe statt Untat

Andere Berichte Überlebender sind nicht so frei von Bitterkeit. Akira Kohchi zum Beispiel verbindet die Erzählung seiner persönlichen Erfahrung mit einer Geschichte des Pazifischen Krieges.[9] Die Bombardierung Hiroshimas erlebte er als Sechzehnjähriger in einer Straßenbahn auf dem Weg zur Arbeit in der Asahi Munitionsfabrik, die verschont blieb, weil das Ziel, wie er schreibt,[10] um die Wirkung zu maximieren, von den militärischen Anlagen am Rande der Stadt ins zivile Zentrum verschoben worden war. Später lebte Kohchi viele Jahre in New York, wo er in der Finanzabteilung der Vereinten Nationen arbeitete. Was am 6. August 1945 geschah, verstand er nur im engen Rahmen seiner eigenen Erfahrung. 45 Jahre später, nach einer beruflichen Karriere in einer dem

Frieden gewidmeten Organisation, versuchte er eine allgemeinere Einordnung. Sein Fazit:

Es ist falsch zu behaupten, dass die Menschen ihr Schicksal selbst bestimmen. Die Wahrheit ist, dass das nur einige wenige für den Rest der Menschheit tun. […] Ich habe versucht zu erklären, dass unser Schicksal in der Hand einiger weniger lag, die Tod über viele brachten, um ihren persönlichen Ehrgeiz zu befriedigen. Nichts anderes, ganz zu schweigen von der Zukunft der Menschheit oder der Welt, hatten sie im Sinn.[11]

Für Kohchi war das die Antwort auf die Frage, warum die Atombomben, die als Reaktion auf eine als solche empfundene deutsche Bedrohung entwickelt worden waren, nach der Kapitulation Deutschlands auf japanische Städte abgeworfen wurden. Die meisten Überlebenden, die Zeugnisse hinterlassen haben, stellten diese Frage gar nicht. Ihre Berichte beinhalten ebenso wie Hachiyas Tagebuch kaum Vorwürfe. Von den schrecklichen Erlebnissen wird eher wie von einer Naturkatastrophe erzählt, und insofern die Berichte über die persönliche Erfahrung hinausgehen und weitergehende Überlegungen beinhalten, münden sie fast ausnahmslos in einem Appell zur Ächtung von Kernwaffen. «Tragödie», «Grauen», «Hölle», «Unmenschlichkeit», «Strahlenverseuchung», «Überleben» sind häufig vorkommende Begriffe. Schuldzuweisungen sind selten.

Die Toten waren tot, aber die Überlebenden hatten an der Last zu tragen. Wie schwer diese Last war, enthüllt nur die Darstellung des Einzelfalls. Ein Bericht, der Anfang der 1980er-Jahre in Japan Aufsehen erregte, kam aus Kawauchi, einem Dorf etwas nördlich von Hiroshima, das als «Dorf der Atombombenwitwen»[12] bekannt wurde. Am Morgen des 6. August ging ein Freiwilligencorps aus Kawauchi zu Abbrucharbeiten nach Hiroshima. Von seinen 191 Mitgliedern kehrten 7 ins Dorf zurück, wo sie starben. Die Leichen der Übrigen wurden nie gefunden. Im Friedenspark von Hiroshima erinnert ein Denkmal an das Freiwilligencorps.

Obwohl das Dorf mehr als fünf Kilometer vom Stadtrand Hiroshimas entfernt war, gab es keine Familie, die nicht Vater oder Mann verloren hatte. Für die hinterbliebenen Landarbeiterinnen begann ein Martyrium, nicht für den Augenblick, sondern für die folgenden Jahrzehnte, in denen sie täglich um ihre nackte Existenz kämpfen mussten. Trost erfuhren sie nur voneinander. Ihre Lebensgeschichte zu erzählen war nicht ihre Sache, und ohne einen Reporter der Japanischen Bauernzeitung (*Nihon Nōgyō Shinbun*) wäre es nie dazu gekommen. Er hat sie 1981 interviewt und 19 ihrer Geschichten als Buch veröffentlicht. «Es war die Hölle für diejenigen, die starben, aber auch für die, die wie ich am Leben blieben, war es die Hölle»,[13] sagte eine von ihnen – stellvertretend für die anderen, denn ihre Geschichten gleichen sich über weite Strecken in dem Elend, von dem sie erzählen. Sie gleichen sich auch in der Fassung und Bescheidenheit, mit der sie ihr Los ertrugen, das Los von Witwen auf dem Land im Nachkriegsjapan. Sie sprechen von ihren Männern, der Sinnlosigkeit ihres Todes und der Härte des Lebens ohne sie. Die Frage der Verantwortung interessiert sie nicht, nicht die der japanischen Führung, die ihr Land in den Krieg gestürzt hatte, noch die der amerikanischen, die es für gut befunden hatte, mit der Entfesselung der Kräfte der Kernspaltung zum Zwecke der Vernichtung von Menschenleben ein neues Zeitalter einzuläuten. Aus ihrer Sicht glich die Verbrennung Hiroshimas einer Naturkatastrophe, die ihr Leben zerstört hatte. Obwohl die meisten Witwen von Kawauchi 35 Jahre später nur ungern zu diesem Punkt ihrer Vergangenheit zurückkehrten, erzählten sie ihre Geschichte, um den Nachkommen die grausamen Folgen der Bombe selbst für die Überlebenden mitzuteilen.

Das ist auch das Anliegen von Akihiko Itō, der in Nagasaki aufwuchs. Seine Arbeit bei Radio Nagasaki brachte ihn auf den Gedanken, die Erfahrungen der Atombombenopfer aufzuzeichnen. 1970 quittierte er seine Stelle beim Rundfunk, um sich ausschließlich dieser Arbeit zu widmen. Er besuchte etwa 2000 Überlebende, die aus Hiroshima und Nagasaki weggezogen waren und über das ganze Land verstreut wohnten. Manche wehrten sich dagegen, die Ereignisse, die zu vergessen sie sich lange bemüht hatten, wieder aus der Tiefe ihres Gedächtnisses an die Oberfläche zu holen, aber die meisten ließen sich interviewen. 1002 Erinnerungsberichte konnte er auf Tonband aufnehmen. Auf der Grundlage dieses Materials rekonstruierte Itō, was in Hiroshima und Nagasaki geschah, soweit Menschen es erleben, überleben, konnten. Viele der Interviewten konnten ihre Erinnerungen nur unter großen Mühen zu Protokoll geben, manche hielten dem emotionalen Druck nicht stand, aber insgesamt ist eine Dokumentation des Gräuels entstanden. Obwohl die Überlebenden sich einig darin sind, dass Menschen, die die Explosion nicht erlebt haben, niemals wissen werden, wie es war, kommen die von Itō gesammelten authentischen Berichte, die auf weitergehende Interpretationen und politische Bewertungen verzichten und sich auf das selbst Erlebte konzentrieren, einer Darstellung der Ereignisse am Ort der Verheerung am nächsten. Überwältigend ist der Eindruck des massenhaften Sterbens und der massenhaften grotesken Verstümmelung, die Überlebende selbst erfuhren und deren Zeugen sie wurden.

Itō hat aus den Aufnahmen Tondokumentationen zusammengeschnitten, über 13 000 Bänder, die er öffentlichen Bibliotheken zur Verfügung gestellt hat. Außerdem hat er ein Buch über diese Arbeit geschrieben, das manche der Interviews wiedergibt und seine eigenen Reflexionen darüber beinhaltet.[14] Neben den im Dokumentationszentrum des Friedensgedächtnismuseums in Hiroshima und des Atombombenmuseums in Nagasaki aufgehobenen Materialien sind seine Aufnahmen die umfangreichste Dokumentation von Augenzeugenberichten, einzigartig in ihrer Breite und in der Direktheit der Erfahrung, die spürbar ist, obwohl die Aufzeichnung 25 bis 30 Jahre nach dem Ereignis geschah.[15]

Einzigartig

Verteidiger der Atombomben haben gelegentlich darauf hingewiesen, dass auf anderen Kriegsschauplätzen ähnlich viele Menschen gestorben seien wie in Hiroshima und Nagasaki. Dresden wird genannt und Tokyo, wo am 10. März 1945 100 000 Zivilisten im Flammenmeer der Brandbomben umkamen. Solche Vergleiche verharmlosen die Verwendung von Kernwaffen zu der unbestreitbaren Plattitüde «Krieg ist schlimm». Sie nehmen den Opfern das einzige, was zumindest einige von ihnen an folgende Generationen weitergeben wollen, die Einzigartigkeit ihres Schicksals. «Da auch die *hibakusha* einmal aussterben, müssen wir jetzt ihre vollständige Geschichte für die Menschheit aufbewahren», sagte ein japanischer Historiker.[16] Was Augenzeugenberichte und Erinnerungen von Atombombenopfern trotz sehr unterschiedlicher Schicksale gemein haben, ist das Bewusstsein der Unvergleichbarkeit des Unheils, das über sie kam. Was man aus ihren Berichten und dem Studium der Folgen der Bomben von Hiroshima und Nagasaki heute weiß, gibt ihnen Recht. Die Kombination von Hitze, Druck und Strahlung verursachte Verletzungen und Krankheitsbilder, für die ganz neue Terminologien entwickelt werden mussten. Wachstums- und Entwicklungsstörungen, die Schädigung ungeborenen Lebens, frühzeitiges Altern, Blutkrankheiten, Hautkrankheiten, Schädigung des Zentralnervensystems, permanente Angstzustände und Mattigkeit als Dauerzustand sind einige der typischen Symptome, unter denen viele Opfer ihr Leben lang litten. Die massive Diskriminierung, der die Überlebenden von Hiroshima und Nagasaki in ihrer eigenen Gesellschaft ausgesetzt waren, machten sie außerdem «aus eigener wie aus fremder Sicht zu einer vom Tod gezeichneten Gruppe, deren kollektive Identität durch das Versinken im Grauen und die unsichtbare Kontamination geprägt war».[17] Auch für sie entstand eine eigene Bezeichnung: *hibakusha*, «die Bombardierten».

Die Reduktion des nuklearen Holocausts auf Opferzahlen dient jenen, die daran arbeiten, Kernwaffen hoffähig und durch ihre Verkleinerung zu einem einsetzbaren Kriegsgerät zu machen. Sie dient darüber hinaus dem Zweck, moralische Zweifel an der Berechtigung der Bombardierung Hiroshimas und Nagasakis zu beseitigen und die Ideologie des gerechten Kriegs zu stärken. Die vorhandenen Augenzeugenberichte sind ein einziger Appell dagegen, aber ihre Wirkung verblasst. Ihre Stellung im kollektiven Gedächtnis Japans – ganz zu schweigen von dem der Welt, wenn es denn ein solches gibt – wird schwächer. Neue Schrecken, tatsächliche und fiktive, bedrohen die Menschheit und beanspruchen ihre Aufmerksamkeit.

VII. Hiroshima lehren

Geschichtsbücher und Geschichtsbilder

Sechzig Jahre danach werden Tagebücher, Memoiren und andere Zeugnisse des nuklearen Holocaust zu historischen Dokumenten einer Zeit, mit der uns immer weniger verbindet. Die Autoren sind tot, nur noch wenige Überlebende finden sich zu den alljährlichen Gedenkfeierlichkeiten am 6. August im Friedenspark von Hiroshima ein. Aus Erinnerung wird Geschichte. Von Interessierten werden diese Dokumente noch immer gelesen, was aber erfährt die Allgemeinheit heute über Hiroshima und Nagasaki? Neben gelegentlichen Fernsehdokumentationen sind es vor allem Schulbücher, die das allgemeine Verständnis der Entwicklungen in der ersten Hälfte des zwanzigsten Jahrhunderts, speziell des Pazifischen Krieges und seiner furchtbaren Endphase bestimmen. Zudem werden mit den Geschichtsbüchern der Schulen Inhalte vermittelt, die in das kollektive Selbstverständnis einfließen und so nationale Identitäten mitgestalten. Welche Kenntnisse und welche Sichtweisen vermitteln Geschichtsbücher der jungen Generation über den Einsatz von Kernwaffen? Was lernen japanische, was amerikanische und was deutsche Schüler und Schülerinnen? Wie werden die bekannten Fakten implizit oder explizit bewertet? Für viele Menschen wird das, was im Geschichtsbuch steht, das einzige bleiben, was sie über die Gründe und die Wirkung der Verwendung von Kernwaffen je erfahren. Sind die nationalen Geschichtsbilder, die den Schulbüchern zu entnehmen sind, kongruent? Dass selbst Opferzahlen und Zeitangaben voneinander abweichen, deutet daraufhin, dass das nicht der Fall ist.

Schulbücher bedürfen in Japan der offiziellen Zulassung. Besonders in den sozialwissenschaftlichen Fächern hat es deswegen oft Auseinandersetzungen zwischen Autoren und dem Kultusministerium gegeben.[1] Die zugelassenen Geschichtsbücher folgen zwar keiner amtlichen Sprachregelung, enthalten aber inhaltlich nichts, was im Widerspruch zur Auffassung des Ministeriums stünde. Historiker haben besonders die Einflussnahme des Ministeriums auf die Darstellung heikler Themen wie das Massaker von Nanking und die Zwangsprostitution während des Krieges immer wieder kritisiert. Über Hiroshima und Nagasaki haben Schulbuchautoren und Ministerium hingegen selten gestritten, allenfalls in dem Sinne, dass einzelne Historiker dem Ministerium vorgeworfen haben, die amerikanische Sicht der Dinge übernommen zu haben.[2]

Die meisten Geschichtsbücher stellen Hiroshima und Nagasaki als Teil der japanischen Niederlage und als humanitäre Katastrophe dar, wobei sie mit Schuldzuweisungen und moralischen Urteilen sehr zurückhaltend sind. Als repräsentativ kann das viel benutzte Geschichtsbuch *Chūgaku Shakai Rekishi*[3] für die Mittelschule (entsprechend Mittelstufe) gelten. Es behandelt die Atombombenabwürfe im letzten Teil des Kapitels über den Zweiten Weltkrieg unter der Überschrift «Unzählige Tote – die Niederlage des [japanischen] Militarismus». Der Abschnitt enthält ein Foto des Atompilzes über Nagasaki und beginnt mit der Frage: «Warum die Atombomben?» Drei Antworten werden zitiert: Erstens die Behauptung Präsident Trumans, durch die Atombomben sei Hunderttausenden amerikanischen und alliierten Soldaten das Leben gerettet worden. Zweitens die Auffassung eines nicht namentlich genannten englischen Naturwissenschaftlers[4]: «Der Abwurf der Atombomben war eine grausame Entscheidung. Sie war ein gegen die Sowjetunion gerichtetes strategisches Mittel zur Gestaltung der Nachkriegswelt, dem die Zivilbevölkerung Hiroshimas und Nagasakis geopfert wurde.» Und drittens die Meinung, dass die Notwendigkeit der Rechtfertigung der Kosten von 2 Milliarden Dollar für die Herstellung der Bomben gegenüber den amerikanischen Steuerzahlern den Ausschlag gab. Der Abschnitt lässt diese drei Antworten ohne Bewertung nebeneinander stehen und schließt mit der Frage: «Waren die Atombomben wirklich notwendig, um Japan zur Kapitulation zu bewegen?»[5]

Im Weiteren wird kurz auf den Kriegsverlauf eingegangen, wobei der verlustreichen Schlacht um Okinawa von Anfang April bis Ende Juni 1945 besonders viel Aufmerksamkeit geschenkt wird. Sie wurde von amerikanischer Seite stets als Indiz für die bei einer Invasion zu erwartenden Verluste und somit als Rechtfertigung für den Einsatz der Atombombe angeführt. Erwähnt wird außerdem, dass die japanische Regierung das Ultimatum der Alliierten (die Potsdamer Erklärung) ignorierte, dass der Tag des sowjetischen Kriegseintritts näher rückte und die USA sich für die Zeit nach Kriegsende eine dominante Position sichern wollten. Die wesentlichen Faktoren, die zur Bombardierung Hiroshimas und Nagasakis führten, werden auf knappem Raum genannt, auf eine Beurteilung wird verzichtet. Die Zahl der Opfer wird mit «über 200 000 in Hiroshima und über 100 000 in Nagasaki» angegeben. Das Kapitel endet mit der japanischen Kapitulation und ihrer Verkündung durch die Radioansprache des Kaisers am 15. August, der, wie ebenfalls erwähnt wird, in Korea und anderen japanischen Kolonien und besetzten Gebieten als Tag der Befreiung gefeiert wird. Die Frage, ob eine moralische Rechtfertigung der Bomben möglich ist, bleibt offen.

Anders die Darstellung in dem «Neuen Geschichtslehrbuch» (*Atarashii rekishi kyōkasho*), das 2001 von Kanji Nishio, unterstützt von 13 weiteren Autoren, herausgebracht wurde. Nishio gehörte einer Studiengruppe um Nobukatsu Fujioka an, die Japans Kriegsschuld bestreitet und in den 1990er-Jahren öffentlich gegen eine «masochistische Geschichtsschreibung» polemisierte. Sie wird von vielen japanischen Historikern des Revisionismus geziehen. Die Darstellung der zu den Bomben auf Hiroshima und Nagasaki führenden Ereignisse unterscheidet sich in einigen Punkten von derjenigen in *Chūgaku Shakai Rekishi*. Sie betont die Bemühungen der japanischen Regierung um sowjetische Vermittlung für die Beendigung des Krieges, die zweideutige Haltung des Kremels und die entscheidende Rolle, die Premierminister Kantarō Suzuki dabei spielte, dass Japan nicht auf die Potsdamer Erklärung einging. Vor diesem Hintergrund heißt es:

Am 6. August warf Amerika die erste Atombombe der Welt auf Hiroshima. Nachdem die Sowjetunion am 8. den Neutralitätspakt gebrochen, Japan den Krieg erklärt und in die Mandschurei einmarschiert war, warf Amerika am 9. auch auf Nagasaki eine Atombombe ab.[6]

Auf der Seite dieses Abschnitts befindet sich ein Foto des Atompilzes über Hiroshima. Die folgenden beiden Seiten beinhalten eine in den laufenden Text eingeschobene Kolumne, «Nachdenken über den Krieg und die Gegenwart». Krieg wird darin als eine Tragödie bezeichnet.

Im Krieg verlieren viele Soldaten ihr Leben. Aber die Opfer des Krieges sind nicht nur bewaffnete Truppen. Den größten Schaden erleiden vielmehr normale Menschen. Unbewaffnete Bürger und Kriegsgefangene, die sich ergeben haben, werden ihres Lebens und ihres Besitzes beraubt. Und es gibt Länder, die Giftgas und andere vom internationalen Recht verbotene grausame Waffen einsetzen.

Länder, die Krieg führten und unbewaffnete Zivilisten nicht ermordeten und misshandelten, hat es bisher nicht gegeben. Japan ist da keine Ausnahme. Auch die japanische Armee hat im Krieg in eroberten Gebieten gegnerische Kriegsgefangene und Zivilisten getötet und misshandelt.

Andererseits sind auch viele japanische Soldaten und Zivilisten dem Krieg zum Opfer gefallen. Zum Beispiel ist die Sowjetunion in der Endphase des Zweiten Weltkriegs in die Mandschurei eingedrungen und hat dort nicht nur japanische Bürger umgebracht und ausgeplündert und wiederholt Gewalttaten an ihnen verübt, sondern 600 000 Japaner, Kriegsgefangene eingeschlossen, nach Sibirien verbracht, um sie als Zwangsarbeiter zu beschäftigen. Ein Zehntel von ihnen starb. Auch die Flächenbombardements und die Atombomben der amerikanischen Streitkräfte resultierten in riesigen Mengen von Toten und Verletzten. Während des Zweiten Weltkriegs beging Nazi-Deutschland einen Massenmord an den Juden, der als Holocaust bekannt ist und von den Kriegsopfern auf dem Schlachtfeld zu unterscheiden ist. Das war kein Töten im Kampf, sondern ein vom deutschen Staat beabsichtigtes und planmäßig durchgeführtes Verbrechen. [...] Der Holocaust geschah zwar während des Krieges, richtete sich jedoch nicht gegen ein feindliches Land, sondern bestand in der vom Staat durchgeführten Auslöschung eines Volkes. Nach dem Krieg wurden solche Taten vom internationalen Recht verboten, aber im zwanzigsten Jahrhundert kam es wie z. B. unter Stalins Herrschaft in der Sowjetunion in vielen Teilen der Welt wiederholt zu Massentötungen.[7]

Damit endet die Kolumne. Darunter ist ein Foto des Atombombendoms im Friedensgedächtnispark von Hiroshima, der fast in jedem japanischen Geschichtsbuch abgebildet ist. Die Bildunterschrift lautet:

Das von der Atombombe zerstörte Industrieausstellungsgebäude Hiroshimas (der Atombombendom) wurde 1997 zum Welterbe erklärt. Zum ‹negativen Erbe der Menschheit› wurden außerdem das Konzentrationslager in Auschwitz (Polen) und das Haus der afrikanischen Sklaven (Senegal) bestimmt.[8]

Die Botschaft ist unmissverständlich: Hiroshima steht als ein Verbrechen gegen die Menschlichkeit neben Auschwitz. Was den Krieg betrifft, so haben die Japaner Grausamkeiten begangen – wie alle kriegführenden Nationen. Einen besonderen Grund, sich, wie von den Nachbarländern immer wieder verlangt, öffentlich zu entschuldigen, haben sie nicht. Krieg ist eine Tragödie, und bei einer solchen ist es sinnlos, die Schuldfrage zu stellen. Etwas anderes ist das bei unterschiedslosen Massentötungen.

Die in *Atarashii rekishi kyōkasho* vertretene Position ist verglichen mit anderen japanischen Geschichtsbüchern untypisch, jedenfalls im Bezug auf die Exkulpierung der japanischen Kriegspolitik, deren expansionistischer Charakter in den meisten Lehrbüchern deutlich wird.[9] Die Diskussion der Atombomben konzentriert sich zumeist auf die angerichtete Verwüstung und die Faktoren, die zu ihrem Abwurf führten. Das ebenfalls für die Mittelschule bestimmte Schulbuch *Bijuaru rekishi* («Illustrierte Geschichte») kompiliert auf engstem Raum die Informationen, die in den meisten Lehrbüchern zu dem Thema vermittelt werden. Es zeigt Abbildungen des zerstörten Hiroshima, eines mensch-

lichen Schattens, der in eine Wand eingebrannt ist, eine schemati-
sche Karte der Stadt mit konzentrischen Kreisen um das Hypozentrum, die die Grade der Zerstörung anzeigen, und ein Wand-
gemälde der Marukis.[10] Ein Textabschnitt beinhaltet den Augenzeugenbericht eines Schülers, der sich vor der Explosion gerade
mit seinen Mitschülern zum Morgengruß auf dem Schulhof auf-
gestellt hatte. Ein weiterer Abschnitt nennt die Daten und Uhr-
zeiten der Abwürfe und weist darauf hin, dass Nagasaki erst im
letzten Moment zum Ziel wurde, weil die Wolkendecke über Ko-
kura, dem eigentlichen Ziel, zu dicht war – ein Umstand, der für
viele Japaner den wahllosen Charakter der Massentötung unter-
streicht. Opferzahlen – über 200 000 in Hiroshima, über 70 000 in
Nagasaki – werden erwähnt und dass immer noch Menschen an
den Spätfolgen litten. Ein weiterer Abschnitt heißt «Die Gründe
für den Abwurf».

Nachdem Deutschland am 7. Mai bedingungslos kapituliert hatte, begann
Amerika angesichts des näher kommenden Kriegseintritts der Sowjetunion
ungeduldig zu werden. Amerika wollte Japan wenn möglich allein bezwin-
gen und es allein besetzen, um sich in der politischen Nachkriegsordnung
Ostasiens eine dominante Rolle zu sichern. So wurde dann drei Tage vor
dem sowjetischen Kriegseintritt morgens am 6. August von einer B 29 eine
Atombombe auf Hiroshima abgeworfen.
   «Der Abwurf der Atombomben war weniger die letzte militärische Hand-
lung des Zweiten Weltkriegs als vielmehr der erste wichtige strategische
Schachzug im Kalten Krieg gegen Russland.» (Blackett, *Der Schrecken, der
Krieg und die Bombe*)[11]

Auf der folgenden Seite heißt es zum Kriegsende:

Gleich nachdem Deutschland bedingungslos kapituliert hatte, veröffentlichten Amerika, England und China eine Erklärung, die die Bedingungen
der Kapitulation Japans bestimmte. Japan akzeptierte sie schließlich nach
dem Abwurf der Atombomben und kapitulierte bedingungslos.

Durch schnelleres Handeln der japanischen Regierung, das folgt
aus der Darstellung, wäre es zwar auch zur Niederlage, nicht aber
zur Vernichtung der beiden Städte gekommen. Japanische Schüler

erfahren etwas von der Mitschuld der damaligen japanischen Regierung an dem unbeschreiblichen Elend, das über Hiroshima und Nagasaki kam. In die politischen Zusammenhänge bekommen sie einen Einblick, und sie lernen, dass Krieg und Massenvernichtung keine akzeptablen Mittel der Konfliktlösung sind.

Vor und während des Zweiten Weltkriegs war die Geschichtsschreibung in Japan sehr politisch. Die Glorifizierung der Nation betrachteten viele japanische Historiker als eine ehrenvolle Aufgabe, zu der sie auch vom Kultusministerium angehalten wurden. Durch die Niederlage änderte sich das drastisch. Die Einsicht, zu der Tōyōfumi Ogura in den Ruinen von Hiroshima kam,[12] ist dafür ein Beispiel. Seither ist der Tenor von Schulbüchern für den Geschichtsunterricht sachlich. Die meisten japanischen Historiker akzeptieren die Forderung von Kei Takeuchi: «Was die Rekonstruktion von ‹Tatsachen› betrifft, so muss sie relativ zu Werten und ethischen Beurteilungen neutral sein.»[13] Die Bewertung der dargestellten «Tatsachen» bleibt dem Unterricht im Klassenzimmer überlassen.

Amerikanische Schulbücher

Wenn Titel in dieser Beziehung ein Hinweis sind, erfüllen viele amerikanische Geschichtsbücher eine apologetische Funktion, zu der es gehört, die Liebe zur Nation zu fördern. Titel wie «Unser amerikanisches Erbe», «Die bleibende Vision», «Die große Republik», «Triumph der amerikanischen Nation» und «Amerika: die glorreiche Republik» zeugen von und zielen auf Nationalstolz. Anders als im Japan der Vorkriegszeit sorgt dafür in Amerika allerdings keine staatliche Behörde. Es gibt keine zentrale Zulassungsstelle für Schulbücher, die sich außerdem selten explizit an eine bestimmte Klassenstufe bzw. Schulart richten und auch nicht unbedingt von Büchern für das allgemeine Publikum klar unterschieden sind. An amerikanischen Universitäten lehren viele hervorragende Historiker, aber ihre Produkte finden nicht immer den Weg in die höheren Schulen. Der dort erteilte Geschichtsunterricht hat seit

Generationen die Einwanderer mit im Blick, denen es die Geschichte des Landes – das zu dem ihren zu machen, erst ihre Eltern beschlossen hatten – als Gegenstand des Stolzes nahe zu bringen galt.

In den besseren Geschichtsbüchern werden die Atombombenabwürfe auf Hiroshima und Nagasaki ausführlich behandelt, wobei die moralischen Aspekte der Entscheidung für ihren Einsatz mit Argument und Gegenargument problematisiert werden. Repräsentativ in dieser Hinsicht ist das viel benutzte Buch *The Americans*.[14] Der Zweite Weltkrieg wird in Kapitel 7 behandelt, wobei weder die Tatsache, dass Präsident Roosevelt Japan den ersten Schlag im Krieg ausführen lassen wollte, verschwiegen wird, noch die rassistische Immigrationspolitik vor und die Internierung von über 100 000 japanischstämmigen Amerikanern in Konzentrationslagern während des Krieges. Die Bombardierung von Hiroshima und Nagasaki wird als eine äußerst schwierige und problematische Entscheidung diskutiert.

Der Pazifische Krieg zog sich hin. Nach nur 116 Tagen im Amt musste Präsident Truman entscheiden, ob er die Atombombe gegen die japanischen Städte Hiroshima und Nagasaki mit einer Gesamtbevölkerung von 540 000 einsetzen sollte.[15]

In diesem Zusammenhang werden Kriegsminister Stimson als Befürworter – «Das Gesicht des Krieges ist das Gesicht des Todes» – und General Eisenhower als Gegner – «die Bombe war völlig überflüssig», da Japan bereits geschlagen war – zitiert. Die Schlacht um Okinawa wird besprochen:

Als die Kämpfe am 22. Juni 1945 endeten, waren 7600 Amerikaner gestorben. Aber die Japaner zahlten bei der Verteidigung Okinawas einen noch schrecklicheren Preis – 110 000 Tote. […]
Die Schlacht von Okinawa gab einen bedrohlichen Vorgeschmack darauf, was die Alliierten von einer Invasion der japanischen Hauptinseln erwarten zu müssen glaubten, obwohl viele Historiker heute denken, dass der angenommene Blutzoll weit überschätzt wurde.[16]

Und um ein Bild von den verheerenden Folgen der Atombombe zu zeichnen, werden Augenzeugenberichte zitiert.[17] Auf der Grundlage der verschiedenen Materialien wird es den Schülern zur Aufgabe gemacht, über die Gründe für und wider die Bombe nachzudenken, wobei sie angehalten werden, einen amerikanischen Standpunkt einzunehmen:

Hätten Sie die Atombombe eingesetzt, wenn Sie im August 1945 an Präsident Trumans Stelle gewesen wären? Weshalb oder weshalb nicht?[18]

Es ist nicht Weltgeschichte, sondern amerikanische Geschichte, die hier abgehandelt wird, aber dennoch ermöglicht die Darstellung des Themas in *The Americans* eine differenzierte Auseinandersetzung mit einer der folgenreichsten Entscheidungen des 20. Jahrhunderts.

Andere Schulbücher bleiben hinter diesem Standard weit zurück. Das ebenfalls sehr umfangreiche Werk *Triumph of the American Nation* beschränkt sich auf einige knappe Bemerkungen.

Erst warfen die Vereinigten Staaten die Atombombe auf Hiroshima ab. Zwei Tage später warfen sie eine zweite Atombombe auf Nagasaki ab. Am 10. August bat die japanische Regierung um Frieden.[19]

Die Atombomben führten praktisch sofort zum Frieden. Das ist die Botschaft. Mit Hinweisen auf die intensiven Auseinandersetzungen, die es vor dem Einsatz der Bomben gab und die bis zum heutigen Tag geführt werden, wird der Leser dieses Buches nicht belastet. Unerwähnt bleiben nicht nur die Appelle der Physiker an den Präsidenten, die Atombombe nicht einzusetzen,[20] sondern auch die große Zahl der beinahe ausschließlich zivilen Verluste. Die Opferperspektive wird den Lesern nicht vor Augen geführt, die Atombombe ist Teil des Triumphs der amerikanischen Nation.

Triumph of the American Nation wurde zuerst 1986 veröffentlicht. Yoshiko Nakano hat festgestellt, dass ältere amerikanische Geschichtsbücher noch mehr dazu neigen, den Einsatz der Atombombe zu rechtfertigen und dass die Darstellungen mit zunehmendem Abstand zum Geschehen differenzierter werden.[21] In einer neueren Studie vergleicht Mark Selden die Behandlung des

Atombombeneinsatzes in zahlreichen amerikanischen Geschichtsbüchern, die zwischen 1961 und 2000 erschienen sind.[22]

Viele der Texte setzen die Bombardierungen fotografisch mit Bildern des Atompilzes über Hiroshima und der Trümmer von Nagasaki in Szene. Aber von zwei Ausnahmen abgesehen enthüllt keines der Bücher die menschliche Seite der Bombardierung durch Bilder von zerfetzten Leichen, verwaisten Kindern oder Menschen, die im Schock in der Verwüstung nach der Explosion umherirren. [...] Die Überprüfung der Texte erinnert an amerikanische Verfügungen während des Zweiten Weltkriegs und die folgende Zensur, die es den Medien untersagte, tote und verstümmelte Körper zu zeigen.[23]

Selden weist auch darauf hin, dass 4 der 19 von ihm untersuchten Texte die sowjetische Kriegserklärung vom 8. August nicht erwähnen, wodurch der Eindruck erweckt wird, dass Amerikas Militärmacht der einzig relevante Faktor für Japans Kapitulation war. Auch die Zerstörung von 62 japanischen Städten durch Brandbomben, «mit der die Vereinigten Staaten Großbritannien, Deutschland und Japan in der Aufhebung aller verbleibenden Zurückhaltung gegenüber zivilen Bombenzielen folgten»,[24] kommt in den Texten nicht vor. Er gelangt zu dem Ergebnis, dass «die meisten Texte noch immer den amerikanischen Sieg und seine globalen Folgen feiern und die menschlichen Verluste, mit denen er erkauft wurde, kaum beachten. Insbesondere Bücher für die Oberschule stellen die Entscheidung für die Bombe kaum in Frage und lenken nur selten von der heroischen Kriegsgeschichte ab.»[25]

Deutsche Schulbücher

Der offensichtlichste Unterschied zwischen japanischen und amerikanischen Schulbüchern auf der einen Seite und deutschen auf der anderen ist der, dass die Vernichtung Hiroshimas und Nagasakis in letzteren nicht als Teil der Nationalgeschichte erscheint. Entsprechend gering ist der Platz, der diesem Ereignis eingeräumt wird, wobei sich die Frage erhebt, ob das angesichts seiner weltgeschichtlichen Bedeutung tatsächlich «entsprechend» ist. Während der Zweite Weltkrieg in Europa gewöhnlich über mehrere Seiten abgehandelt wird, werden dem Kriegsschauplatz in Fernost meist nur knappe summarische Darstellungen gewidmet.

…am 7. und 8. Mai die bedingungslose Kapitulation der deutschen Wehrmacht. Unter dem Eindruck der ersten Atombombenabwürfe über den Städten Hiroshima und Nagasaki, durch die über 100 000 Menschen getötet wurden, beschloß auch die japanische Regierung die Kapitulation, die am 2. September 1945 unterzeichnet wurde.[26]

Nach der Kapitulation Deutschlands am 8./9. Mai 1945, stellte der letzte Gegner, Japan, die USA vor die Alternative, bei der Eroberung der japanischen Hauptinsel weiter hohe Menschenverluste hinzunehmen oder den Gegner durch die Demonstration der absoluten Überlegenheit, die der eben erlangte Besitz der Atombombe gab, zur Kapitulation zu zwingen. Die Kapitulation erfolgte am 14. August 1945, wenige Tage nach dem Abwurf der Atombomben auf Hiroshima und Nagasaki.[27]

Japan, das nach anfänglichen Erfolgen im Pazifik gegen die USA seit 1943 ebenfalls in die Defensive gezwungen worden war, beendete den Krieg am 2. September 1945 nach dem Abwurf zweier amerikanischer Atombomben auf die japanischen Städte Hiroshima und Nagasaki.[28]

Admiral Dönitz ließ die Wehrmacht am 7./8. Mai 1945 bedingungslos kapitulieren. Japan kapitulierte erst am 2. September nach den amerikanischen Atombomben auf Hiroshima und Nagasaki.[29]

Um die Kapitulation zu erzwingen, setzten die USA zum ersten Mal in der Geschichte Atombomben gegen Menschen ein. In Hiroshima und Nagasaki starben daraufhin in Sekundenschnelle Hundertausende von Menschen, die Städte boten ein Bild der Verwüstung. Das Ende des Krieges ist zugleich der Beginn eines neuen Zeitalters.[30]

In Südostasien ging der Krieg noch weiter. Nach dem Abwurf der Atombomben am 6. August auf Hiroshima und am 9. August auf Nagasaki mußte Japan aufgeben. Seine Truppen kapitulierten bedingungslos am 2. September 1945. Der Zweite Weltkrieg war zu Ende.[31]

Sehr viel mehr Raum unter Einbeziehung eines ausführlichen Zitats aus dem Tagebuch von Dr. Michihiko Hachiya, das dem Ereignis eine konkrete, menschliche Form gibt, räumte ein Geschichtsbuch aus den frühen 1970er-Jahren Hiroshima und Nagasaki ein, aber das Ergebnis der Darstellung gleicht dem der meisten anderen Schulbücher:

Der Abwurf der Atombombe auf Hiroshima und einer zweiten auf die Stadt Nagasaki am 9. August 1945 zwang Japan zur Kapitulation. Am 2. September 1945 war der Krieg auch im Fernen Osten beendet.[32]

An den zitierten Lehrbüchern fällt auf, dass sie die offizielle amerikanische Sichtweise übernehmen und den vermeintlichen Kausalzusammenhang zwischen den Bomben und der Kapitulation Japans als Tatsache darstellen. Schon die Beschränkung auf die chronologische Mitteilung der Ereignisse macht diese Lesart plausibel. Viele Texte lassen die sowjetische Kriegserklärung unerwähnt.[33] Manche Bücher zeigen schreckenerregende Fotos und gehen auf die von den Bomben bewirkten menschlichen Verluste ein. In einigen Texten werden auch die vergeblichen Versuche am Manhatten-Projekt beteiligter Physiker, den Abwurf der Bombe zu verhindern, erwähnt.[34] Aber über die Motive für die Verwendung der Atombombe ist aus den Schulbüchern für den Geschichtsunterricht an deutschen Schulen nichts anderes zu erfahren als das, was Präsident Truman direkt danach erklärte: Sie dienten der Beendigung des Krieges. Kapitelüberschriften wie «Die Atombombe beendet den Zweiten Weltkrieg»[35] sind typisch. Sie simplifizieren die Komplexität der zusammenkommenden Gründe und lassen die damals durchaus gesehene moralische Problematik des Einsatzes von Massenvernichtungswaffen kaum ins Blickfeld treten. Ich habe nur ein Schulbuch gefunden, in dem die Frage der Rechtfertigung den Schülern explizit gestellt wird: «Ist Trumans Entscheidung zu rechtfertigen?»[36]

Lehren

Der Vergleich der Texte, mit denen Schüler in Japan und Amerika über die Massentötungen von Hiroshima und Nagasaki unterrichtet werden, offenbart nationale Perspektiven. In japanischen und amerikanischen Augen nehmen sich die Ereignisse auch sechs Jahrzehnte nach Kriegsende sehr unterschiedlich aus. Deutschen Schülern wird vornehmlich die amerikanische Sichtweise nahe gebracht. Ein transnationaler Konsens in der Geschichtsschreibung zeichnet sich nicht einmal ansatzweise ab. Dabei ist der Unterschied nicht nur der zwischen Verlierer und Sieger; er betrifft vielmehr die Lehren, die zu ziehen die Schulbücher der verschiedenen Nationen nahe legen. In japanischen Geschichtsbüchern werden, von wenigen Ausnahmen abgesehen, die katastrophalen Folgen des Militarismus und einer Politik betont, die Krieg als legitimes Mittel betrachtet. Schuldzuweisungen wegen der Opfer von Hiroshima und Nagasaki werden weder gegenüber der japanischen Regierung, die den Krieg begann, noch gegenüber der amerikanischen, die alle Rücksicht auf Zivilisten aufgab, erhoben. Die Lehre von Hiroshima ist die Absage an den Krieg als solchen. Die Lektion der amerikanischen Geschichtsbücher resultiert hingegen darin, dass der Einsatz militärischer Mittel nicht nur legitim, sondern oft notwendig ist. Amerikanische Soldaten sind nicht umsonst gefallen, sondern im Dienst einer gerechten Sache und für eine bessere Welt. Die Atombomben auf Hiroshima und Nagasaki werden nicht ausgenommen. Auch sie waren Teil eines gerechten und deshalb erfolgreich beendeten Krieges.

VIII. Kampf um Hiroshima im
Gedächtnis der Völker

Welchen Platz hat Hiroshima heute im Gedächtnis der Völker? Gibt es Ähnlichkeiten, Übereinstimmungen über nationale Grenzen hinweg? Wenig deutet darauf hin. Noch immer gibt es Siegergeschichte und Verlierergeschichte. Japans Hiroshima ist nicht Amerikas Hiroshima. In beiden Ländern geht die Formung der Erinnerung weiter, ohne dass eine Konvergenz der Perspektiven zu erkennen ist.

Amerikas Hiroshima

Die öffentliche Meinung in Amerika ist geteilt. Auf Internetseiten mit Diskussionen zum Thema findet man apologetische und kritische Stellungnahmen, wobei jedoch erstere bei weitem überwiegen. Äußerungen wie die folgenden Zuschriften zu einem Artikel in der konservativen Internet-Zeitschrift *FreeRepublic.com* entsprechen der Mehrheitsmeinung seit 60 Jahren:

Die Mathematik der ganzen Sache ist so unausweichlich wie das Fallgesetz: Kein Pearl Harbor = kein Hiroshima.

Mir tut es kein bisschen Leid, dass wir die Bombe(n) abwarfen. Die Japs haben den Krieg angefangen, wir haben ihn beendet.

Ich wurde erst 1954 geboren, deshalb bin ich verdammt froh, dass sie die Bombe abwarfen.

Das einzige, woran ich mich aus der Schule erinnere, ist, dass wir sie abwarfen und der Zweite Weltkrieg vorbei war. Das ist alles.

Wir haben sie kaum genug atomisiert (zwei Bomben waren nötig, nicht nur eine); aber wir haben eine Menge amerikanische und japanische Leben vor den Folgen einer Invasion gerettet. Stolz, nicht Scham ist das richtige Gefühl.[1]

Weniger selbstgerechte Stimmen finden sich aber auch, z.B. auf der Internetseite eines Projekts der Universität von Kalifornien in Berkeley, das eine umfangreiche Dokumentation von Interviews zur Atombombe angelegt hat. Die Interviewten haben den Krieg zum Teil erlebt und sind zum Teil erst lange danach geboren. Im Mittelpunkt steht Nagasaki bzw. die Frage, was die Menschen heute darüber wissen.

Über die Bombardierung gibt es so viele was-wäre-wenn. Was mich betrifft, so war sie sowohl unglaublich tragisch als auch furchtbar notwendig.

Es erschütterte mich und machte mich auf bisher nicht gekannte Weise krank. Ich fühlte mich schuldig und beschämt, dass das Land, auf das ich so stolz gewesen war, so böse sein konnte, unschuldigen Menschen so viel Leid zuzufügen. Ich erinnere mich, dass ich zum ersten Mal mein eigenes Land hasste und mich zum ersten Mal für seine Taten verantwortlich fühlte.

Wir besuchten die Enola Gay-Ausstellung im Luft- und Raumfahrtmuseum in Washington [1995, F.C.]. Sie zeigten einen Film von der Mannschaft vor dem Abwurf (auf Hiroshima). Bei der Mannschaft war ein Kaplan, der ein Gebet sprach. Sinngemäß sagte er: «Herr, erlöse uns von der furchtbaren Zerstörungskraft, die wir über den unschuldigen Menschen entfesseln werden.» Mir fiel die Kinnlade herunter, und ich konnte nicht glauben, was ich gerade gehört hatte. Der Videoausschnitt veranlasste mich nicht nur, mich von allen christlichen Glaubensinhalten abzuwenden, sondern ließ mein Herz klopfen vor Wut und Ekel.

Von den Bomben erfuhr ich zuerst durch John Herseys Buch «Hiroshima». Nachdem ich es gelesen hatte, war ich eine Woche lang krank. Jetzt meine ich, dass die Geschichte vom Sieger geschrieben wird und dass wir niemals wissen werden, ob die Bombardierung «gerechtfertigt» war.[2]

Dass es jemals eine einheitliche amerikanische Lesart von Hiroshima geben wird, ist unwahrscheinlich, aber die Präferenz des offiziellen Amerika steht seit sechzig Jahren außer Frage. Als überschrittene Schwelle ins Atomzeitalter ist Hiroshima noch immer von überragender symbolischer Bedeutung. Kein amtierender amerikanischer Präsident hat bisher den Weg dorthin gefunden eines von vielen Anzeichen dafür, dass Geschichte vor allem an so sensiblen Punkten ein nationales Anliegen ist und nicht nur gegen Umdeutungen, sondern selbst gegen kritische Begutachtung verteidigt werden muss.

Bevor die in Kapitel II erwähnte für das Jubiläumsjahr 1995 geplante Ausstellung über Hiroshima und Nagasaki der Smithsonian Institution in Washington endgültig abgesagt wurde, verabschiedete der amerikanische Kongress eine Resolution, mit der die Institution dafür getadelt wurde, die Art und Weise, in der die Atombomben den Krieg zu einem «barmherzigen Ende» brachten, nicht gebührend zu feiern. Kann man annehmen, dass alle Kongressabgeordneten sachkundig urteilten, der Wahrheit die Ehre gaben? Die Einstimmigkeit der Resolution spricht eine andere Sprache, die Sprache des Nationalismus. Das politische Establishment, die Repräsentanten des amerikanischen Volkes, entschieden, dass die glorreiche Geschichte einer segensvollen Entscheidung in einem gerechten Krieg Bestand haben sollte. Gegen die Resolution zu stimmen oder sich auch nur wegen mangelnder Kenntnisse der Stimme zu enthalten, hätte als unpatriotisch gegolten, ein Vorwurf, dem sich kein amerikanischer Volksvertreter aussetzen kann. Nicht um historische Fakten ging es, sondern um die Auswahl und Bewertung dessen, was erinnert werden sollte.

Der Resolution ging eine Anhörung im Kongress voraus, bei der Generalmajor a. D. Charles W. Sweeney mehr Zeit eingeräumt wurde als allen anderen Zeugen. Er war der einzige Offizier, der bei beiden Atombombenabwürfen dabei war. Zwei Jahre nach der Anhörung veröffentlichte er seine Erinnerungen, in denen er sich ausführlich mit den moralischen Aspekten der Bombardierung der beiden Städte beschäftigt. Er berichtet, wie er bei einem Priester Rat suchte und sich bestätigen ließ, dass 100 000 Menschen umzubringen nicht schlimmer wäre als einen. Wichtig wäre allein, dass das in einem «gerechten Krieg» geschähe, einem solchen nämlich, der von einem legitimen Souverän erklärt und zur Verteidigung des Gemeinwohls geführt würde.[3] Die Bedeutung seiner Aussage vor dem Kongress und die der nicht erlaubten Ausstellung kommentiert er so:

Die Seele einer Nation – ihr Wesen – ist ihre Geschichte. Dieses kollektive Gedächtnis definiert, was jede Generation über sich selbst und ihr Land denkt und glaubt.[4]

Akademische Schriften von Historikern, die den vielschichtigen Entscheidungsprozess im Detail rekonstruieren und seine ganze Problematik durchleuchten, bleiben davon unberührt. Ihre Wirkung ist beschränkt. Die öffentliche Rhetorik und die Medien sind stärker.

Schon John Kenneth Galbraith konnte in seinen Lebenserinnerungen die militärische Bedeutung der Bomben für den Krieg gegen Japan ins Reich der Fiktion verweisen. Darüber, was es bewirkte, dass die beiden Städte auf so «grausige Weise dem Erdboden gleichgemacht wurden», schrieb er:

Viel mehr als durch die Bomben wurden die Japaner durch die Einsicht zur Kapitulation gezwungen, dass Japan, ein kleines Land, nach der Niederlage Deutschlands und nach dem Kriegseintritt Russlands der effektiven militärischen Macht der ganzen übrigen Welt völlig allein gegenüberstand. [...]
[...]
Es galt lange als Rechtfertigung der Bomben, dass sie eine Invasion und die mit ihr verbundenen Kämpfe mit Tausenden, möglicherweise Hunderttausenden Toten auf beiden Seiten überflüssig gemacht hatten. Bei wenigen Dingen sind die gegenteiligen Beweise so stark. Die Bomben fielen, nachdem die Entscheidung zur Kapitulation durch die japanische Regierung gefällt worden war.[5]

Galbraith erklärt, dass die Durchsetzung der Kapitulationsentscheidung des Obersten Kriegsrats mit Kaiser Hirohito vom 20. Juni 1945 wegen politischer Rivalitäten innerhalb der Regierung und der umständlichen japanischen Bürokratie Zeit brauchte, Zeit, die Washington hätte einräumen können, ohne dass sich dadurch am Kriegsausgang etwas geändert hätte. Aber Galbraith ist ein Intellektueller, dessen Schriften trotz seiner Brillanz das Volk nicht erreichen. Auch Gar Alperovitz, der Historiker, der am meisten dazu beigetragen hat, den Mythos von der militärischen Motivation der Atombombenabwürfe als solchen zu entlarven, kann für die Nachwelt in 500 Seiten dicken Büchern ungehindert darlegen, dass die Bomben weder die japanische Kapitulation bewirkten, noch zu diesem Zweck eingesetzt wurden. Mit öffentlichen Veranstaltungen und Publikationen, die ein Massenpublikum erreichen und das öffentliche Bewusstsein beeinflussen, ist das anders. Eine Hunderttausende, wenn nicht Millionen anziehende Ausstellung, die einen Schatten des Zweifels auf die Legitimität der Bomben hätte werfen können, durfte es nicht geben. Die Smithsonian Institution wurde deshalb von führenden Kongressabgeordneten und Senatoren mit einschneidenden Hauhaltskürzungen bedroht, falls sie die Ausstellung zeigen sollte.[6]

Die Frage nach der historischen Wahrheit halten viele für naiv, was ein Grund dafür ist, sie durch die nach der kollektiven Erinnerung zu ergänzen. Das offizielle Amerika will Hiroshima auf bestimmte Weise erinnern. Die Zeit, diese Sichtweise in Frage zu stellen, ist noch nicht reif, wenn sie denn je kommen wird. «Why we did it», titelte *Newsweek* zum fünfzigsten Jahrestag 1995. Schon der Titel ist bezeichnend: «wir» fungiert als Subjekt des Satzes und der Geschichte, nicht «unsere damalige Regierung» oder «die US-Regierung». Das «wir» fordert Identifikation, erschwert kritische Distanz. Auch ist der Titel keine Frage, sondern eine Bekräftigung bekannter Positionen: Die Bombardierungen waren tragisch für die Opfer, aber unvermeidlich und letzten Endes gut.

Das ist die Mehrheitsmeinung auch der amerikanischen Historikerzunft. Edwin Reischauer, Harvard-Professor und lange amerikanischer Botschafter in Tokyo, fand die Formulierung, die sich am besten für die Kanonisierung dieser Auffassung eignete, da sie stimmte: «Die Japaner waren die Opfer der beiden Atombomben gewesen, die halfen, den Zweiten Weltkrieg zu beenden.»[7] Wie jede Patrone waren die Atom- und die Wasserstoffbombe Teil der Kriegsanstrengung. Indem sie aber darauf reduziert wurden – »eine Waffe wie jede andere« –, rückte die eigentliche Problematik der Massenvernichtung aus dem Blick. Die Geschichtswissenschaft ist seither immer mehr davon abgerückt, dass die Bomben einen wesentlichen Beitrag zur Beendigung des Krieges leisteten. Dennoch gilt der kausale Zusammenhang zwischen Atombomben und Kriegsende noch immer als ausgemacht.

Die Welt veränderte sich mit verheerender Wirkung am Morgen des sechsten August 1945, dem Tag, an dem die erste im Zorn verwendete Atombombe über der japanischen Stadt Hiroshima explodierte. Tage später, als eine zweite Bombe Nagasaki zerstört hatte, war der Krieg vorbei und ein neues schreckliches Kapitel der Menschheitsgeschichte hatte begonnen.[8]

Diese Sicht hat sich inzwischen so verfestigt, dass sie von einem Buch, das die Frage anschneidet, praktisch unverändert zum nächsten transportiert wird.

Der langjährige Japan-Korrespondent der *New York Times*, Nicholas D. Kristof, reproduziert die Legende in seinem Buch «Ferner Donner», dessen Originaltitel, *Thunder from the East. Portrait of a rising Asia*, deutlicher macht, dass Asien als eine Bedrohung betrachtet wird. Dort ist zu lesen, dass die Bombardierung eine Tragödie war, weil «sie die Perspektive [derart] verschob, dass die Japaner sich fortan mehr als Opfer des Krieges denn als seine Ursache sahen».[9] Seine Gesamteinschätzung fasst er so zusammen:

Der Kampf um die kleinen, spärlich bevölkerten Inseln um Okinawa kostete 14 000 Amerikaner und 200 000 Japaner[10] das Leben. Hätte der Krieg die Hauptinseln Japans erreicht, wären Millionen Japaner umgekommen. Im Licht dieser Umstände scheint mir, dass nichts so vielen Japanern das Leben rettete wie der Abwurf der beiden Atombomben. Japan ist nicht unschuldiges Opfer der Bombe: In Wahrheit verdankt es ihr seine Rettung.[11]

Eine Reportage des *National Geographic* zum fünfzigjährigen Gedenken des Kriegsendes konstatiert:

Die A-Bombe sollte die Beendigung des Konflikts beschleunigen und dadurch amerikanischen Soldaten das Leben retten, die andernfalls in einer langwierigen Invasion Japans der Tod erwartet hätte. Japans Kapitulation am 15. August 1945 – neun Tage nach der Bombardierung Hiroshimas und sechs Tage nach der Bombardierung Nagasakis – bestätigte die Wirksamkeit dieser Entscheidung.[12]

Auf Publikationen wie diese, die sich an ein breites Publikum richten, kommt es an, nicht auf die Details des akademischen Disputs, die immer durch das grobe Raster des kollektiven Gedächtnisses fallen. Was steht unterm Strich, «gut» oder «schlecht»? Die Verbindung dieser Frage mit der, warum «wir (Amerikaner) es taten», favorisiert eine positive Gesamteinschätzung. Eine solche lässt sich direkt auf den Schuldabweisungsmechanismus zurückführen, den Präsident Truman mit seiner wirkungsvollen Rhetorik von den geretteten amerikanischen und japanischen Menschenleben zum Gemeinplatz gemacht hatte. Wie die meisten amerikanischen Präsidenten nahm er für sein Handeln biblische Weihen in Anspruch. Der dramatische Höhepunkt der Behandlung des Kriegsendes in seinen Memoiren liest sich so:

Noch nie hat sich eine Nation mit den Machtmitteln der Vereinigten Staaten von Nordamerika gegen ihre Freunde so hilfreich und gegen ihre Feinde so großmütig gezeigt. Vielleicht war die Zeit angebrochen, die Lehren der Bergpredigt zu verwirklichen.[13]

Andenken

Der Großmut im Geist der Bergpredigt wollte die amerikanische Post zum fünfzigsten Jahrestag mit einer Sondermarke gedenken, um die offizielle Doktrin vom guten Zweck der Bombe wirksam zu bekräftigen. Der Entwurf zeigte einen Atompilz und trug die Unterschrift: «Atomic bombs hasten war's end, August 1945», «Atombomben beschleunigen das Kriegsende, August 1945». Diplomatische Demarchen der japanischen Regierung führten dazu, dass die Marke nicht gedruckt, sondern durch eine andere mit einem Bild Trumans und der Unterschrift «Truman verkündet Japans Kapitulation, 14. Aug. 1945» ersetzt wurde. Das wiederum rief in Amerika Proteste hervor, die sich u. a. mit Aufklebern, die der nicht gedruckten Briefmarke nachempfunden waren, artikulierten. Sie zeigten die Atompilze und trugen Aufschriften wie die folgenden: «Keine Entschuldigungen, Hiroshima bombardiert,

6. August 1945»; «Denkt an Pearl Harbor, Pearl Harbor 7. Dezember 1941, Hiroshima, 6. August 1945»; «Hiroshima · 6. August 1945, Nagasaki · 9. August 1945, Sieg über Japan · 15. August 1945»; «Atombomben beenden den Zweiten Weltkrieg» und «Stolzes Gedenken».

Die bekannte pilzförmige Rauchwolke ist das Emblem der Atombombe. Ehrfurchtgebietend, gewaltig, ja, sogar schön kann man sie finden. Der Fotograf Michael Light hat aus amerikanischen Militärarchiven hundert Bilder von Atombombentests zu einer Ausstellung zusammengestellt.[14] Ein Schauspiel von atemberaubender Größe wird mit den Bildern dokumentiert. Titanisch ist das Szenario des möglichen Untergangs der Menschheit, das sie dem Betrachter vor Augen führen, nicht jämmerlich; denn die Wirkung für die Betroffenen bleibt in der Ausstellung unsichtbar. Ein grandioses Zeugnis menschlicher Fähigkeiten, eignet sich der Atompilz besser zum Zeichen stolzen Gedenkens als Bilder verkohlter Leichen und verstümmelter Kinder. Die ästhetisierende Verharmlosung des größten Vernichtungswerkzeugs paart sich mit Stolz. Im Andenkenladen des *National Atomic Museum* in Albuquerque werden T-Shirts mit dem Rauchpilzmotiv verkauft: «Unser beliebtestes T-Shirt! In der richtigen Farbe, passend zu Ihrem Stil». In dem Museum sind Nachbildungen von «Little Boy» und «Fat Man», der Bomben von Hiroshima und Nagasaki, zu sehen, und Liebhaber können sich aus dem Laden Schnapsgläser mit nach Hause nehmen, die an einer Seite mit einem kleinen Little Boy oder Fat Man aus Zinn verziert sind: «Genießen Sie Ihr Lieblingsgetränk aus einem unserer einzigartigen Becher oder Gläser. $ 8.95».[15]

Stichwörter

Emblematische Funktion haben auch bestimmte Stichwörter des öffentlichen Diskurses. Drei davon sind symptomatisch für die Inkorporation Hiroshimas ins positive nationale Erbe Amerikas, *holocaust*, *ground zero* und *shock and awe*.

Zu Beginn der Besatzungszeit nach Kriegsende sprachen auch amerikanische Offiziere vom «(nuklearen) Holocaust». Der vom griechischen *holos*, ‹ganz›, und *kaustos*, ‹verbrannt›, abgeleitete Begriff, der sich in der englischen Sprache ursprünglich auf ein Brandopfer bezog, war eine nahe liegende und geeignete Bezeichnung, die jedoch durch die Sprachregelung der US-Zensur frühzeitig von Hiroshima und Nagasaki dissoziiert wurde. Heute bezieht er sich vorwiegend auf den Völkermord an den Juden und wird nicht mehr mit den Atombomben in Verbindung gebracht.

Mit *ground zero* verhielt es sich anders. Zuerst wurde der Ausdruck anlässlich der Testzündung der ersten Atombombe in Alamagordo verwendet. Von einem Nullpunkt aus sollte die bei der Explosion frei werdende radioaktive Strahlung gemessen werden. *Zero* hatte schon vorher martialische Konnotationen. Die *zero hour* ist der kritische Zeitpunkt, insbesondere für einen Angriff, und *to zero in on* heißt «sich auf etwas einschießen». *Ground zero* aber gibt es erst seit dem erwähnten Zeitpunkt, und auch danach blieb der Ausdruck mit der Atombombe assoziiert, insbesondere mit dem Epizentrum der Explosion über Hiroshima. Bis zum 11.9.2001 wurde er in anderen Zusammenhängen praktisch nicht verwendet. So heißt etwa John Whittier Treats Buch über Atombombenliteratur ohne nähere Bestimmung: *Writing Ground Zero*, während Carole Gallaghers Buch über Atomwaffentests in den USA den Titel *American Ground Zero* hat. Aber Hiroshima rückt in den Hintergrund. Die metaphorische Übertragung des Begriffs *ground zero* von der Auslöschung einer ganzen Stadt auf ein Trümmerfeld an der Südspitze Manhattans trägt dazu bei. Denn solche Umdeutungen sind unumkehrbar. Für künftige Generationen wird *ground zero* einen Ort in New York bezeichnen, nicht in Hiroshima, ein amerikanisches Opfer, nicht ein japanisches.

Schließlich *shock and awe*, «Schrecken und Ehrfurcht». Mit diesem Begriff kennzeichneten die Strategen des Pentagon ihre Pläne für den großen amerikanischen Feuerangriff auf Bagdad im Frühjahr 2003. Seine erste Verwendung wird Hans Bethe zugeschrieben, einem Physiker, der aus Deutschland geflohen war und am Manhatten-Projekt mitarbeitete. In der Dokumentation *The Day After Trinity* von John Else beschrieb er so seine Reaktion auf die erfolgreiche Testzündung der ersten Atombombe. In den Wochen des Irakkrieges von 2003 war in den Medien viel von *shock and awe* zu lesen, ohne dass der Hintergrund des Begriffs allgemein bekannt gewesen wäre. Nur «Pentagon-Mitarbeiter gaben zu, dass Hiroshima als Prototyp für Bagdad verstanden wurde».[16] Für sie war Bagdad ebenso wie Hiroshima ein nobles Projekt, das dem Wohl der Menschheit diente. Die Rhetorik schafft die von vielen unbemerkte Verbindung. Im öffentlichen Diskurs Amerikas hat Hiroshima keinen schlechten Namen, denn «Schrecken und Ehrfurcht» markieren heute mehr denn je vor allem eins: die segensreiche militärische Überlegenheit der Vereinigten Staaten. Die negativen Aspekte, die mit Begriffen wie *holocaust* und *ground zero* verbunden sind, werden zunehmend ausgeblendet.

Japans Hiroshima

Auch in Japan ist die Erinnerung an Hiroshima zwiespältig, insofern nämlich, als dass viele Japaner die Schuld am Tod Hunderttausender Zivilisten auf dem Konto der japanischen Regierung verbuchen, den Akt der Bombardierung aber trotzdem als Unrecht betrachten. Dass Hiroshima und Nagasaki eine «gerechte Strafe» waren, akzeptieren nur wenige. Die Geschichte der Atombomben, die sie gelernt und die nur noch wenige von ihnen selbst erfahren haben, ist unvermeidlich durch die Opferperspektive bestimmt. Ein Wandel der Erinnerungskultur ist dennoch unübersehbar. Als die Stadt Hiroshima in Juli 2002 ein Seminar für Journalisten zum 57. Jahrestag der Atombombe veranstalten wollte, stieß sie damit bei den Medien kaum auf Interesse, obwohl alle Kosten übernommen werden sollten. In der japanischen Gesellschaft ist Hiroshima noch immer der wichtigste Bezugspunkt des weit verbreiteten Pazifismus, aber im Diskurs der nationalen Politik verliert es an Bedeutung. Nach dem Krieg war Hiroshima lange kein Thema – erst aufgrund der amerikanischen Zensur, dann weil die japanische Regierung gute Beziehungen zu Washington kultivieren wollte. Nur etwa zwei Jahrzehnte lang, von Mitte der 1960er- bis Mitte der 1980er-Jahre, benutzte die Regierung in Tokyo Hiroshima für politische Zwecke, nämlich dafür, Washington gegenüber den relativ kleinen Wehretat zu rechtfertigen. Die rhetorische Bedeutung Hiroshimas – so sehr es auch von der Stadt Hiroshima, den Opferorganisationen und den Friedensaktivisten im ganzen Land beklagt wird – ist auf nationaler Ebene im direkten Verhältnis zu dem stetig anwachsenden Verteidigungshaushalt zurückgegangen.

Die Opferverbände versuchten von Anfang an, die politische Bedeutung der Erinnerung an Hiroshima auf die Forderung nach Frieden und Abrüstung zu beschränken, was ihnen jedoch aus innen- und außenpolitischen Gründen kaum gelang. Innenpolitisch ließ sich die Vereinnahmung Hiroshimas durch die Parteien nicht verhindern, und im internationalen Zusammenhang wurde das Thema Hiroshima spätestens seit Premierminister Nakasone (1982–1987) von einem anderen Thema überlagert, nämlich Japans Kriegsschuld und die ausgebliebene oder nicht ernsthaft genug vorgebrachte Entschuldigung dafür. Zu verantworten haben das einerseits konservative japanische Politiker, die darauf bestehen, immer wieder zum Gedenken an Japans Kriegstote den Yasukuni-Schrein in Tokyo aufzusuchen, obwohl der in den Nachbarländern als Symbol für Aggression und Militarismus betrachtet wird. Andererseits tragen auch die internationalen Medien dazu bei, weil sie diesen Besuchen viel mehr Aufmerksamkeit schenken als den Bemühungen, die japanische Politiker zum Ausgleich mit den Nachbarn tatsächlich unternommen haben. So war Premierminister Hashimoto 1996 in den Schlagzeilen, als er Yasukuni besuchte. Von seiner Reueerklärung anlässlich eines Besuchs im Kriegsmuseum in Shenyang, wo Japans Angriff gegen China begann, wurde hingegen wenig Notiz genommen.

Insbesondere amerikanische Medien haben die Auffassung verbreitet, Japan leugne seine Kriegsschuld und habe sich nie für Kriegsverbrechen wie Nanking, die Experimente mit biologischen Kampfstoffen und die Zwangsprostitution entschuldigt.

Tatsächlich haben mindestens drei Premierminister offizielle Entschuldigungen ausgesprochen, und viele Amtsträger – mit dem Kaiser an der Spitze – haben ihrem Bedauern Ausdruck gegeben. Ignoriert wird auch, dass kaum ein japanisches Schulbuch für den Geschichtsunterricht der fraglichen Epoche Nanking unerwähnt lässt. An Japans Rolle als Aggressor wird in diesen Büchern kein Zweifel gelassen.[17] Trotzdem wird Japan gewöhnlich als unbußfertiger Renegat dargestellt, im Gegensatz zu Deutschland, das seine schuldvolle Geschichte angenommen habe.

Die Erinnerung an Hiroshima ist der Politisierung auch innerhalb Japans nicht entgangen. Sie wird von zwei Debatten überlagert, die beide mit dem Erbe des Zweiten Weltkriegs zu tun haben. Die eine betrifft die politische Bedeutung der erwähnten Besuche japanischer Amtsträger beim Yasukuni-Schrein,[18] während die andere sich auf den Paragraphen 9 der japanischen Verfassung bezieht, der Krieg als Mittel der Politik ausschließt und Japan die Unterhaltung von Streitkräften verbietet. In der seit Jahren währenden Debatte um seine Erhaltung bzw. Abschaffung haben die pazifistischen Verteidiger des Paragraphen immer sowohl auf die japanische Aggression Bezug genommen als auch auf die Atombomben. Nur ein demilitarisiertes Japan sei vor den Gefahren des Krieges sicher, sicher vor der Verantwortungslosigkeit der eigenen Politiker und sicher vor der massenhaften Tötung von Zivilisten durch Kernwaffen. Das Gedenken an Hiroshima und seine Anrufung hat daher einen pazifistischen (linken) Zungenschlag. Jahrzehntelang stand die überwältigende Mehrheit der Bevölkerung hinter der pazifistischen Verfassung. In den letzten Jahren aber, vor allem unter dem Eindruck nordkoreanischer Raketentests einerseits und der Terroranschläge vom 11. September 2001 andererseits, ist es der Regierung gelungen, für eine immer weitere Auslegung der Verfassung – inklusive der Entsendung japanischer Truppen in Krisengebiete – größere Unterstützung in der Bevölkerung zu erlangen. Der Widerstand gegen die von der amerikanischen Regierung seit vielen Jahren geforderte Abschaffung des Friedensparagraphen wird schwächer, und in dem Maße, in dem das der Fall ist, wird auch die Neigung schwächer, Hiroshima als warnendes Beispiel gegen eine Politik anzuführen, die den Einsatz von Gewalt zu legitimieren bereit ist.

Die Bewertung der Atombomben hat sich in Japan nicht geändert; dafür sind die Kenntnisse über ihre Auswirkungen in der Bevölkerung zu konkret. Dass mit ihrem Einsatz ein Verbrechen an unschuldigen Zivilisten begangen wurde, ist nach wie vor die Mehrheitsmeinung. Zu beobachten ist jedoch eine schleichende Veränderung der kollektiven Erinnerung an die Rolle Hiroshimas im Zweiten Weltkrieg: Nachdem Hiroshima unter amerikanischer Herrschaft aus dem öffentlichen Diskurs verbannt war, überschatteten die Enthüllungen der angerichteten Gräuel nach der Besatzungszeit die Beschäftigung mit dem gesamten Kriegsverlauf. Hiroshima wurde zum Symbol für den Krieg und das Leid, das er über die Menschen bringt. Inzwischen wird der Krieg anders gesehen. Hiroshima und seine Rolle für die Akzentuierung der Opferperspektive treten langsam in den Hintergrund. Der Politikwissenschaftler Kiichi Fujiwara erklärt den Zusammenhang:

In der heutigen Art und Weise des Erzählens vom Krieg hat die Atombombenerfahrung stark an Bedeutung verloren. In der gegenwärtigen Darstellung des Krieges wird mehr von der Schlacht um Okinawa als von Hiroshima erzählt. Mehr als die Möglichkeit eines Atombombenabwurfs sind die US-Militärstützpunkte auf Okinawa wohl zu dem geworden, was Gegenwart und Vergangenheit miteinander verbindet. Nachdem Hiroshima lange dem nationalen Gedenken an den Krieg gedient hat, wird es nun nach und nach aus dem nationalen Gedächtnis getilgt.[19]

Zu dieser Perspektivverschiebung haben die meisten liberaldemokratisch geführten Regierungen beigetragen. Sie beriefen sich auf Hiroshima nur so lange, wie es für die Rechtfertigung geringerer Militärausgaben, als Washington sie wünschte, von Nutzen war. So gesehen rangierte historische Wahrheit auch für die japanische Regierung immer hinter dem nationalen Interesse.

Die Unterschiede zwischen Amerikas Hiroshima und Japans Hiroshima sind nun deutlich. Der amerikanische Staat hat Informationen über die Atombomben, soweit sie die Opfer betrafen, aktiv unterdrückt und gleichzeitig dafür gesorgt, dass die Bomben als Teil des amerikanischen Triumphs erinnert werden. Der japanische Staat hat immer eine opportunistische Haltung eingenommen und über den Hiroshimakomplex nie einen diskursiven Konflikt mit Washington riskiert. Die pazifistischen Grundsätze der japanischen Politik, die lange mit dem Hinweis auf Hiroshima begründet wurden, werden schwächer. Die Möglichkeit der nuklearen Bewaffnung Japans wird inzwischen offen diskutiert.

Die Lehren, die aus Hiroshima in der Bevölkerung gezogen wurden, weisen ebenfalls charakteristische nationale Unterschiede auf. In Japan sind sowohl die Unrechtmäßigkeit und Grausamkeit der expansionistischen Kriegspolitik Japans in den späten 1930er- und 40er-Jahren als auch die Unrechtmäßigkeit und Grausamkeit der Massentötungen von Hiroshima und Nagasaki ins allgemeine Bewusstsein eingedrungen. Die Ablehnung des Krieges an sich ist die von der Mehrheit der Bevölkerung geteilte Quintessenz. In den Vereinigten Staaten hingegen wird der Pazifische Krieg als ein notwendiger, Amerika aufgezwungener Opfergang erinnert, eine Sichtweise, die sich im kollektiven Gedächtnis nicht mit der Anerkennung, dass der Einsatz der Atombomben ein großes Unrecht war, vereinbaren lässt. Warum ist die Bereitschaft Amerikas, in Hiroshima etwas anderes als eine richtige und notwendige Reaktion auf Pearl Harbor zu sehen, so gering? Einen Hinweis für die Beantwortung dieser Frage finden wir bei Michel Foucault:

Es wird ein Kampf um und über die Geschichte ausgefochten, der äußerst interessant ist. Die Absicht besteht darin, das, was ich das ‹allgemeine Gedächtnis› genannt habe, umzuprogrammieren und zu unterdrücken und den Menschen dabei ein Muster für die Interpretation der Gegenwart vorzuschlagen bzw. aufzuzwingen.[20]

Nicht um Geschichte geht es, sondern um Gegenwart, um Identität, Stolz und Legitimation politischen Handelns. Seit Hiroshima war die USA in mehr Kriege verwickelt als jede andere Nation. Ihre demokratische Verfassung macht es erforderlich, für jeden dieser Kriege, von Korea bis Irak, die Unterstützung der Bevölkerung zu gewinnen, was allein durch die feste Verankerung der Ideologie vom gerechten Krieg im kollektiven Selbstverständnis zu erreichen ist. Diese Ideologie wurde für die Rechtfertigung der Bombardierung Hiroshimas und Nagasakis bemüht, vorher und besonders hinterher. Sie ist für das amerikanische Selbstverständnis so überaus wichtig, weil die Vereinigten Staaten – anders als die traditionellen europäischen Mächte, die Territorialkonflikte oft mit kriegerischen Mitteln lösten, ohne damit moralische Grundsätze zu verbinden –, immer die Notwendigkeit sahen, Krieg moralisch zu rechtfertigen. Denn das amerikanische Gemeinwesen gründete nicht in Tradition, einem Staatsvolk oder einem gegebenen Territorium, sondern in dem Anspruch auf die moralische Überlegenheit einer «neuen Welt». Krieg ist für sie nicht eine Auseinandersetzung zweier Kontrahenten, die beide mit gleichem Recht gewinnen könnten, sondern eine solche zwischen Gut und Böse, wie ein Kreuzzug. Das Gute muss siegen, sonst ist die Welt nicht in Ordnung, und das Gute verkörpern die Vereinigten Staaten. Nicht um die eigenen Rechte mit Gewalt gegen andere durchzusetzen, wird Krieg geführt, sondern um dem Krieg ein Ende zu machen und dem Gemeinwohl bzw. dem Wohl der Menschheit zu dienen. Schon im Ersten Weltkrieg gaben die USA ihre anfängliche Neutralität schließlich auf, um das Übel des Krieges auszurotten.

Zu den erstaunlichsten Illusionen, die die Weltgeschichte im zwanzigsten Jahrhundert bewegten, gehört die, dass Amerika diesem Ziel nachstrebt und immer wieder das Kriegführen damit rechtfertigen konnte. Auf der Grundlage der fest verankerten Vorstellung, dass Amerika die beste aller möglichen Welten ist und als solche nur gerechte Kriege führen kann, und vor dem Hintergrund, dass der Gegner – Nazi-Deutschland, Japan im Pazifischen Krieg, Vietnam unter Ho Chi Minh, der Irak Sadam Husseins – mit einiger Berechtigung als Unrechtsregime beschreibbar ist, kann die Ideologie des gerechten Krieges Massenmord legitimieren, wie in Hiroshima und Nagasaki. Denn wenn auf der anderen Seite das absolute Böse steht, ist das Kriegsziel nicht die Minimierung der Toten, sondern die der eigenen Toten. Durch die Verbindung mit dem Glauben daran, dass Nationalstaaten die Akteure in kriegerischen Auseinandersetzungen sind und sein sollten, hat die Lehre vom gerechten Krieg insgesamt katastrophale Folgen, da sie nicht das Menschenleben als solches zum Maßstab für Entscheidungen über kriegerische Handlungen macht. Martin Shaw, der den Zusammenhang von Krieg und Völkermord untersucht, schreibt: «Das Leben der Soldaten der eigenen Nation zu schonen, selbst um den Preis, eine weit größere Zahl von Zivilisten der Gegenseite zu töten, war im Westen immer einer der Hauptgründe, andere zu töten – von Hiroshima bis Kosovo.»[21]

Hiroshima wird in Amerika als bedauerlicher Bestandteil eines gerechten Krieges erinnert. Möglich ist das, da der Begriff des gerechten Krieges den Unterschied zwischen Anlass und Durchführung des Krieges verwischt. Der gerechtfertigte Anlass – z. B. der japanische Angriff auf Pearl Harbor – kann auf diese Weise schwere Verbrechen beim Einsatz militärischer Gewalt – z. B. in Hiroshima und Nagasaki – im kollektiven Gedächtnis verdecken. In dem Kampf um die Geschichte, von dem Michel Foucault sprach, haben die Sieger des Zweiten Weltkriegs dadurch auch in Bezug auf Hiroshima den Sieg errungen, zumindest an der Heimatfront. Aber anders als materielle sind geistige Kriege nicht mit dem letzten Schuss zu Ende. Hiroshima bleibt ein Schauplatz der geistigen Auseinandersetzung, auch nach sechs Jahrzehnten. Die vielen, für manche überraschenden Verweise im Zusammenhang mit den Anschlägen vom 11.09.2001 bezeugen es. So bezeichnete der französische Philosoph André Glucksmann das Attentat auf das World Trade Center als «demokratisiertes Hiroshima».[22] Auch John Berger dachte am 11. September 2001 an Hiroshima und erinnerte daran, dass «die Epoche der militärischen Überlegenheit der Vereinigten Staaten mit einer blinden Machtdemonstration aus der Ferne begann, ohne Erbarmen und voller Ignoranz».[23] Überraschend sind diese Verweise, weil die Zerstörung Hiroshimas eine ganz andere Dimension als die der Twin Towers hatte. Was die beiden Ereignisse vergleichbar macht, ist der kalkulierte Einsatz unvorhersehbarer Gewalt. Man mag darin die eigentliche Berechtigung dafür erblicken, das Stichwort *ground zero* von Hiroshima auf New York zu übertragen. In einem Leitartikel der *Frankfurter Allgemeinen*, der sich anlässlich der im Frühjahr 2004 publik gewordenen amerikanischen Folterungen im Irak mit der Frage der Legalisierung der Folter als Mittel im Kampf gegen den Terrorismus beschäftigt, thematisiert Volker Zastrow den Zusammenhang zwischen dem 6. August 1945 und dem 11. September 2001. Er wirft die Frage auf, «ob nicht die amerikanischen, schon vor dem Fall der Türme reich bebilderten Untergangsphantasien ein Gewissensecho von Hiroshima und Nagasaki sind». [...] Denn «die Bombardierung der japanischen Großstädte 1945 wurde mit einem lupenreinen terroristischen Kalkül begründet. [...] Auch Terror ist Politik oder ihre Fortsetzung mit anderen Mitteln. [...] Terror ist der politische Gebrauch selbst verursachten Schreckens. Das Töten, Verstümmeln, die Komposition einer Bluthochzeit von Angst und Schmerz ist kein Selbstzweck, sondern dient höheren Zwecken. Folterer und Terroristen vermeinen, anständig geblieben zu sein.»[24] Für die Verfechter der Lehre vom gerechten Krieg ist das eine unakzeptable Einsicht.

Anmerkungen

I. Hintergrund:
Der Zweite Weltkrieg in Ostasien

1 Dieses Wort wurde anfänglich vielfach für die Vernichtung von Hiroshima und Nagasaki verwendet, insbesondere von amerikanischen Besatzungsoffizieren. Vgl. Monica Braw, 1991. *The Atomic Bomb Suppressed. American Censorship in Occupied Japan.* Armonk und New York: M. E. Sharpe, 92. Dank der amerikanischen Zensur wurde es in dieser Bedeutung aus dem Sprachgebrauch eliminiert, obwohl es sehr zutreffend ist. Von seinem griechischen Ursprung her bedeutet es «ganz verbrannt».

2 Wie die wiederholte Behandlung der Frage, warum die Bombe verwendet wurde, bezeugt, herrscht auch unter amerikanischen Historikern darüber keine Einigkeit. Den sog. etablierten Historikern, die den Einsatz als unvermeidlich beschreiben, stehen die sog. Revisionisten gegenüber, die das bestreiten. Zu ersteren gehören Paul Barker, 1968. *Atomic Bomb: the Great Decision.* Hindsdale: Dryden Press; Herbert Feis, 1961. *Japan Subdued: The atomic bomb and the end of the War in the Pacific.* Princeton: Princeton University Press; Stanley Weintraub, 1995. *The Last Great Victory: The end of World War II, July-August 1945.* New York: Truman Talley Books; und Robert James Maddox, 1995. *Weapons for Victory. The Hiroshima decision fifty years later.* Columbia und London: University of Missouri Press. Prominente Vertreter der «Revisionisten» sind Gar Alperovitz, 1995, *The Decision to Use the Atomic Bomb and the Architecture of an American Myth.* New York: Knopf; und Robert J. Lifton und Greg Mitchell, 1995. *Hiroshima and America: Fifty Years of Denial.* New York: Putnam. In der amerikanischen Öffentlichkeit dominiert jedoch die «klassische» Sichtweise, nach der die Atombomben ebenso unvermeidlich wie verdient waren.

3 Emily S. Rosenberg, 2003. *Date which will live: Pearl Harbor in American Memory.* Durham und London: Duke University Press.

4 Barton J. Bernstein, reply to Gar Alperovitz und Robert L. Messer, 1992. Marshall, Truman, and the decision to drop the bomb. *International Security* 16, Nr. 3: 220.

5   Zitiert nach H. L. Wesseling, 1988. *Indië verloren Rampspoed geboren. En andere Opstellen over de Geschiedenis van de Europese Expansie.* Amsterdam: Bert Bakker, 288.

6   Michio Kitahara, 2001. *Naze Taiheiyo Senso ni natta noka* (Warum der Pazifische Krieg ausbrach). Tokyo: TBS-Britannica.

7   Nach heutiger Kaufkraft entspräche das etwa $ 15 Mrd. Zu den Kosten des Manhattan-Projekts vgl. Robert L. Messer, 1982. *The End of an Alliance.* Chapel Hill: University of North Carolina Press. Stanley Goldberg vertritt die Auffassung, dass die Bomben hauptsächlich abgeworfen wurden, um die horrenden Kosten zu rechtfertigen. Vgl. «General Groves and the Atomic West – the Making and the Meaning of Hanford» in: Bruce Havley und John M. Findlay (Hrg.) 1998. *The Atomic West.* Seattle: Center for the Study of the Pacific Northwest in association with the University of Washington.

8   Henry L. Stimson, 1947. The decision to use the atomic bomb. *Harper's Magazine* 194, Nr. 1161: 97–107.

9   Gar Alperovitz, 1990. Why the United States dropped the bomb. *Technology Review*, August/September, 26.

10 U. S. Strategic Bombing Survey, *Japan's Struggle to End the War*, Washington, Juli 1946, 12f.

11 Barton J. Bernstein, 1986. A postwar myth: 500000 U. S. lives saved. *Bulletin of the Atomic Scientists*, Juni/Juli, 38.

12 Zitiert nach Gar Alperovitz, 1990. Why the United States dropped the bomb. *Technology Review*, August/September, 29.

13 Ibid.

14 Alperovitz op. cit., 23.

15 Ronald E. Powaski, 1987. *March to Armageddon.* New York, Oxford: Oxford University Press, 5.

16 Stimson op. cit., 99.

17 Moskau hatte Tokyo im April bereits gewarnt, dass das sowjetisch-japanische Neutralitätsabkommen nicht verlängert werden würde. Vgl. zu den diplomatischen Aktivitäten im Detail Herbert P. Bix, 1995. Hiroshima in history and memory: a symposium. Japan's delayed surrender: a reinterpretation. *Diplomatic History* 19/2, 197–225.

18 Powaski op. cit., 21.

19 Während der Potsdamer Konferenz notierte Truman in seinem Tagebuch: «Telegramm des Jap-Kaisers, der um Frieden bittet», womit er sich auf ein abgefangenes Telegramm bezog. Harry Truman, Potsdam Diary, 17. Juli 1945, in *Off the Record: The Private Papers of Harry S. Truman.* New York: Harper & Row, 1980, 53.

20 Paul H. Nitze, 1995. Was Truman right to drop the bomb? A weapon beyond war. *Vital Speeches of the Day* 61/24, 724.

21 Stimson op. cit., 100.

22 Bix op.cit., auch *Hirohito and the Making of Modern Japan*. New York: HarperCollins, 2000.

23 *The Outline of Atomic Bomb Damage in Hiroshima*. Hiroshima: Hiroshima Peace Memorial Museum, 1994; Eisei Ishikawa und David L. Swain, 1981. *Hiroshima and Nagasaki: The Physical, Medical and Social Effects of the Atomic Bombings*. New York: Basic Books.

24 Akiba Tadatoshi, 1983. Atomic bomb. *Kodansha Encyclopedia of Japan*. Tokyo: Kodansha. Bd. 1, 107–111.

25 Shibata Shingo, 1995. The atomic victims as human guinea pigs. *Peace Studies Newsletter* (Hiroshima), 20–23.

26 Raymond Okamura, 1982. The American concentration camps. *The Journal of Ethnic Studies* 10: 95–109.

27 So argumentiert der Historiker Ronald Takaki von der Universität von Kalifornien in Berkely in seinem Buch *Hiroshima: Why America Dropped the Atomic Bomb*. Boston: Little, Brown & Co. 1995.

28 John Dower, 1993. *War without Mercy. Race and power inthe Pacific War*. New York: Pantheon.

29 Alperovitz, 1995, 427f.

II. Orte der Erinnerung

1 *The Outline of Atomic Bomb Damage in Hiroshima*. Hiroshima Peace Memorial Museum, 1994, 28.

2 Lisa Yoneyama, 1999. *Hiroshima Traces*. Berkeley: University of California Press, 17.

3 Pal war als Richter am Tokyoter Kriegsverbrechertribunal beteiligt und sprach sich als einziger gegen die Verurteilung der japanischen Führung aus, die er als Siegerjustiz bezeichnete. Er bezweifelte sowohl die Kompetenz des Gerichts als auch seine politische Neutralität. Der niederländische Richter Röling nannte das pro forma internationale Tribunal «eine ganz amerikanische Aufführung.» «Er war wie eine große Theateraufführung.» «Damals bemerkte ich das nicht, und ich bemerkte auch nicht, dass es dabei viel mehr hollywoodartige Aspekte gab, als es hätte geben sollen.» Vgl. B.V.A. Röling und C.F. Ruter (Hrg.), 1977. *The Tokyo Judgement: The International Military Tribunal for the Far East (.I.M.T.F.E.), 29 April 1946–12 November 1948*. Amsterdam: APA-University Press, Bd. 2, 1045. Zu einer Bewertung des Tokyoter Kriegs-

verbrecherprozesses und seinen Folgen für die japanische Rechtswissenschaft vgl. Philipp Osten, 2003. *Der Tokioter Kriegsverbrecherprozeß und die japanische Rechtswissenschaft.* Berlin: Berliner Wissenschaftsverlag.

4 John Dower, 1999. *Embracing Defeat.* London: Penguin, 414.

5 Michael Weiner, 1997. The representation of absence and the absence of representation. Korean victims of the atomic bomb. In: Michael Weiner (Hrg.), *Japan's Minorities.* London: Routledge, 79–107.

6 Vgl. Joshua A. Fogel, 2000. *The Nanjing Massacre in History and Historiography.* Berkeley: University of California Press.

7 So bemerkt etwa Ian Buruma: «Die Perspektive der Opfer wird in Hiroshima eifersüchtig gehütet. Auf ihrer absoluten Unschuld wird beharrt.» *The Wages of Guilt. Memories of War in Germany and Japan.* New York: Farrar Straus Giroux, 1994, 106.

8 *Washington Post,* 7. Juli 1995, S. 9A21. (Kai Bird, «Enola Gay: ‹Patriotically correct›»)

9 *The Japan Times,* 20. August 2003.

10 *The Japan Times,* 12. Dezember 2003.

11 Freeman Dyson, 1985. *Weapons and Hope.* New York: Harper Colophon Books, 16.

III. Hiroshima in den Medien

1 *Der Morgen. Tageszeitung der Liberal-Demokratischen Partei Deutschlands,* 8. August 1945.

2 *Der Morgen. Tageszeitung der Liberal-Demokratischen Partei Deutschlands,* 9. August 1945.

3 *Deutsche Volkszeitung,* 8. August 1945.

4 *Neue Rheinische Zeitung,* 11. August 1945.

5 *Deutsche Volkszeitung,* 9. August 1945.

6 *Deutsche Volkszeitung,* 10. August 1945.

7 *Allgemeine Zeitung,* 12. August 1945.

8 Wolfgang Schwentker, 1998. Hiroshima und die europäische Resonanz. *Hagener Universitätsreden* 25.8. Hagen: Fernuniversität-GHS, 9.

9 *Tägliche Rundschau,* 14. August 1945.

10 *Der Berliner,* 14. August 1945.

11 *De Tijd,* 5. Oktober 1971.

12 *Asahi Shinbun,* 20. August 1945.

13 Monica Braw, 1991. *The Atomic Bomb Suppressed. American Censorship in Occupied Japan.* Armonk und New York: M.E.Sharpe, 91f.

14 Publishers' Note, in: John Hersey, 1946. *Hiroshima*. Harmondsworth: Penguin, 9.
15 Takashi Nagai, 1949, *Nagasaki no kane*. Tokyo: Hibiya Shuppan. Siehe unten, Kap. IV.
16 John Dower, 1999. *Embracing Defeat*. London: Penguin, 415.
17 Ian Buruma, 1994. *The Wages of Guilt*. New York: Farrar Straus Giroux, 96f.
18 Einige von Serbers Aufnahmen sind in Rachel Fermi und Esther Samra, 1995. *Picturing the Bomb. Photographs from the secret world of the Manhattan Project*. New York: Harry N. Abrams, veröffentlicht.
19 Alain Resnais war fasziniert vom Thema der Erinnerung, mit dem er sich in mehreren Filmen befasst hat. «Toute la mémoire du monde» (Alles Gedächtnis der Welt, 1956) ist ein Film über die französische Nationalbibliothek, und auch in «Nuit et Brouillard» (Nacht und Nebel, 1955), einem Film über die Welt der Konzentrationslager, geht es um Erinnerung.

IV. Reaktionen intellektueller Zeitzeugen

1 Die rassistische Porträtierung des japanischen Kriegsgegners in den Vereinigten Staaten dokumentiert John Dower, 1993. *War without Mercy. Race and Power in the Pacific War*. New York: Pantheon Books. Nach Einschätzung von Gerald Horne waren die rassistischen Aspekte des Krieges im Pazifik viel gravierender als in Europa. Vgl. *Race War!* New York: New York University Press, 2004.
2 Victor Klemperer, 1995. *Und so ist alles schwankend. Tagebücher Juni bis Dezember 1945*. Berlin: Aufbau Taschenbuch Verlag, 85.
3 Thomas Mann, *Tagebücher 1944 – 1.4.1946*. Hrg. von Inge Jens. Frankfurt/M.: S. Fischer, 237.
4 Ebd., 238.
5 Ebd., 241.
6 Francis Fukuyama, 1992. *The End of History and the Last Man*. New York: Free Press.
7 Bertolt Brecht, *Journale 2, Frankfurter Ausgabe*. Suhrkamp 1995, 232.
8 Zitiert nach Robert Jay Lifton, 1994. *Das Ende der Welt*. Stuttgart: Klett-Cotta, 195.
9 Gertrude Stein, 1946, Reflection on the atomic bomb. Los Angeles: Black Sparrow Press, 179.
10 The Russell-Einstein Manifesto.
www.pugwash.org/about/manifesto.htm

11 Robert Jungk, Klappentext zu Günther Anders, 1959. *Der Mann auf der Brücke*. München: C.H. Beck.

12 Günther Anders, 1959. *Der Mann auf der Brücke*. München: C.H. Beck.

13 Für das US-Militär war Eatherlys öffentliches Auftreten gegen Kernwaffen eine Bedrohung, der es mit seiner Kriminalisierung und systematischen Zerstörung seiner Glaubwürdigkeit begegnete. Noch in seinen Memoiren von 1997 charakterisiert Generalmajor Charles W. Sweeney, der stolz darauf war, als einziger Offizier sowohl an der Bombardierung Hiroshimas als auch an der Nagasakis teilgenommen zu haben, Eatherly als rücksichtslosen, opportunistischen Bonvivant, der es mit der Wahrheit nicht so genau nahm. Charles W. Sweeney, 1997. *War's End*. New York: Avon Books, 112f.

14 *Off limits für das Gewissen. Der Briefwechsel Claude Eatherly, Günther Anders*, herausgegeben von Robert Jungk. Reinbek: Rowohlt, 1961, 19.

15 Ebd.

16 Ebd.

17 Otto Robert Frisch. 1981. *Woran ich mich erinnere. Physik und Physiker meiner Zeit*. Stuttgart: Wissenschaftliche Verlagsgesellschaft, 220f.

18 Raymond Aron, 1985. *Erkenntnis und Verantwortung*. München und Zürich: Piper, 222f.

19 Friedrich Dürrenmatt, 1962. *Die Physiker*. Zürich: Die Arche, 73.

20 Ebd., 64.

V. Atombombenliteratur

1 Monica Braw, 1991. *The Atomic Bomb Suppressed. American Censorship in Occupied Japan*. Armonk und New York: M. E. Sharpe.

2 Kurihara Sadako, 1970. *Dokumento Hiroshima nijūyonen: Gendai no kyūsai*. Tokyo: Shinpō Shinsho, 192.

3 Jun Etō, 1982. Senryōgun no kenetsu to sengo nihon, dai-ichi bu. *Shokun* 14, 106–116.

4 Jay Rubin, 1985. From Wholesomeness to Decadence: The Censorship of Literature under the Allied Occupation. *Journal of Japanese Studies* 11: 1, 71–103.

5 Mitsuo Nakamura, 1952. Senryōka no bungaku. *Bungaku* (Juni).

6 John Whittier Treat, 1995. *Writing Ground Zero: Japanese literature and the atomic bomb*. Chicago: The University of Chicago Press, 95.

7 Albert Camus, 1967. *Tagebuch 1942 – 1951*.Reinbek: Rowohlt, 314.

8 Deutsche Übersetzung: *Schwarzer Regen*. Frankfurt/M.: Fischer TB, 1985.

9   Kenzaburō Ōe, 1965. Nani-o kioku shi, kioku shitsuzukeru beki ka [Was wir erinnern und weiter erinnern müssen], 248.

10 Kenzaburō Ōe, 1965. *Hiroshima nōto*. Tokyo: Iwanami, 110.

11 Op. cit., 121.

12 Op. cit., 142.

13 Op. cit., 112.

14 Op. cit., 150.

15 Paul Takashi Nagai, 1980. *Die Glocken von Nagasaki. Geschichte der Atombombe*. Kleinjörl bei Flensburg: G. E. Schroeder-Verlag, 13.

16 Op. cit., 84.

17 Op. cit., 148.

18 Op. cit., 10.

19 Tsuchida Hiromi, 2002. *Heiwa e no sazanami. Genbaku no shashin kara umareta chūgakuseitachi no shi*, 86.

20 Hiroshima Peace Memorial Museum, Hiromi Tsuchida, 1995. *Hiroshima Collection*. Tokio.

21 Tsuchida Hiromi, op. cit., 62

VI. Zeugnisse Überlebender

1   Ogura Tōyōfumi. 1948. *Zetsugo no kiroku*. Tokyo: Chūōsha.

2   Vgl. Kapitel V.

3   Hachiya, Michihiko. 1995 [1955]. *Hiroshima Diary. The journal of a Japanese physician, August 6 – September 30, 1945*. Übersetzt und herausgegeben von Warner Wells. Chapel Hill: The University of North Carolina Press.

4   Op. cit., 8, 55.

5   Op. cit., 140.

6   Op. cit., 82.

7   Op. cit., 84.

8   Op. cit., 232.

9   Akira Kohchi, 1989. *Why I Survived the A-Bomb*. Costa Mesa: Institute of Historical Review.

10 Op. cit., 226.

11 Op. cit., 228.

12 Kanda Mikio, 1982. *Genbaku ni otto o ubawarete: Hiroshima no nōfutachi no shōgen*. Tokyo: Iwanami shinsho.

13 Op. cit., 65.

14 Itō Akihiko, 1993. *Genshiya no yobu-ki. Katsute kakusensō ga atta*. Tokyo: Komichi Shobō.

15 In deutscher Sprache gibt es einige Sammlungen von Augenzeugenberichten, von denen hier drei genannt seien: *Hibakusha. Wir haben überlebt* (1986); *Pika-don über Japan. Berichte japanischer Kinder* (1955);
Arata Osada (Hrsg), 1981. *Kinder von Hiroshima.* Köln: Röderberg
Verlag.

16 Zitiert nach Robert J. Lifton, 1994. *Das Ende der Welt.* Stuttgart: Klett-
Cotta, 61.

17 Op. cit., 45.

VII. Hiroshima lehren

1 Die drei Jahrzehnte, bis Ende der 1990er-Jahre währenden Prozesse, in
deren Mittelpunkt der Historiker Saburō Ienaga stand, dokumentiert
Susanne Petersen, 2001. Die Schulbuchprozesse: Geschichtspolitik in japanischen Schulbüchern. *Periplus 2001,* 59–82. Vgl. auch Saaler, 2004.

2 Diesen Vorwurf erhob z. B. Hisao Ishiyama (2003), nachdem er festgestellt hatte, dass die folgende Passage auf Anweisung des Ministeriums
aus einem Schulbuch gestrichen wurde: «Die amerikanischen Streitkräfte
waren es, die die Atombombe abwarfen, und die Verantwortung dafür
liegt ohne Zweifel beim Präsidenten der Vereinigten Staaten und dem
Oberkommandierenden des amerikanischen Militärs. Da aber die japanische Führung an ihrer Politik des ‹Widerstandes bis zuletzt› festhielt,
ohne die Folgen zu bedenken, trägt auch sie Mitverantwortung dafür,
dem amerikanischen Militär einen Vorwand für die Bombardierung Hiroshimas und Nagasakis geliefert zu haben.» Ishiyama argumentiert, dass
die Streichungsauflage gemacht wurde, um die explizite Verantwor-
tungszuweisung an die USA zu vermeiden. Busshu sensōshien no seifuhōshin ni sotte shūsei, *Shūkan kinyōbi,* No. 461, 30. Mai, 32.

3 *Chūgaku Shakai Rekishi,* Tokyo, 1999.

4 Vermutlich Patrick Maynard S. Blackett; vgl. Fn. 9.

5 Op. cit., 264.

6 *Atarashii rekishi kyōkasho,* 287.

7 Op. cit., 288f.

8 Ebd.

9 Die 2001 erfolgte Zulassung von *Atarashii rekishi kyōkasho* als Schulbuch wurde von der Lehrergewerkschaft *Nikkyōso* vehement kritisiert
und entfachte aufs Neue die Debatte um die angemessene Darstellung
des Zweiten Weltkriegs. In Schulen wird das Buch allerdings nur wenig
verwendet, während die Ausgabe für den normalen Buchmarkt viel verkauft wird.

10 Siehe oben, Kapitel III.

11 *Bijuaru rekishi*, 120. Das letzte Zitat ist aus dem Buch *Fear, War, and the Bomb* des englischen Physiknobelpreisträgers von 1948, Patrick Maynard S. Blackett.

12 Siehe oben, Kapitel VI.

13 Kei Takeuchi, 2003. «Benign» Nationalism in the History of Post-War Japan, 11.

14 Gerald A. Danzer u. a. 1998. *The Americans*.

15 Op. cit., 752.

16 Op. cit., 749f.

17 Op. cit., 751.

18 Op. cit., 752.

19 Lewis P. Todd und Merle Curti, 1986. *Triumph of the American Nation*, 817.

20 Z. B. von Leo Szilard, leitender Physiker des Manhatten-Projekts, am 17. Juli 1945, *A Petition to the President of the United States*.

21 Yoshiko Nakano, 1995. Amerika wa genbaku wo kō oshiete iru.

22 Mark Selden, 2003. Confronting World War II: The atomic bombing and the internment of Japanese-Americans in U. S. history textbooks.

23 Op. cit., 62f.

24 Op. cit., 63.

25 Ebd.

26 *Zeitaufnahme*. Geschichte für Sekundarstufe I, Bd. 3. Braunschweig: Westermann, 1981, 93.

27 *Geschichte, Politik und Gesellschaft*. Lern- und Arbeitsbuch für Geschichte in der Gymnasialen Oberstufe Bd. 2. Frankfurt/M.: Cornelsen Hirschgraben, 1988, 62.

28 *Geschichte & Geschehen II*, Oberstufe, Ausgabe A/B. Leipzig: Ernst Klett Schulbuchverlag, 1995, 337.

29 *Geschichte & Geschehen, Exempla*. Geschichtliches Unterrichtswerk für die Sekundarstufe II. Leipzig: Ernst Klett Schulbuchverlag, 2002, 137.

30 *Geschichte und Geschehen* A4. Leipzig: Ernst Klett Schulbuchverlag, 2002, 114.

31 *Geschichte 4G*. München: Bayerischer Schulbuch-Verlag, 1993, 121.

32 *Die Reise in die Vergangenheit*, Bd. 4. Braunschweig: Westermann, 1973, 159.

33 Eine Ausnahme ist *Zeiten und Menschen* C4. Paderborn: Schöningh, 1978, 168.

34 Z. B. *Spiegel der Zeit* (Ausgabe 4). Frankfurt: Diesterweg, 1976, 138.

35 *Damals und heute 5* (Geschichte für Hauptschulen, Ausgabe D). Stuttgart: Klett, 1981, 99.
36 *Fragen an die Geschichte 4.* Frankfurt/M.: Cornelsen Hirschgraben-Verlag, 1983, 135.

VIII. Kampf um Hiroshima im Gedächtnis der Völker

1 www.freerepublic.com/focus/f-news/959467/posts.
2 Remembering Nagasaki: Atomic Memories Discussion. www.exploratorium.edu/nagasaki/memories/amemory2.html.
3 Charles W. Sweeney, 1997. *War's End*. New York: Avon Books, 187, 189.
4 Op. cit., 273.
5 John Kenneth Galbraith, 1981. *A Life in our Times*. Boston: Mifflin Company, 232.
6 Percy H. Tannenbaum, 1996. The fifty-year anniversary of World War II: the victor's perspective, 60.
7 Edwin O. Reischauer, 1977. *The Japanese*. Cambridge, Mass.: Harvard University Press, 343.
8 Adrian Weale, 1995. *Eye-Witness Hiroshima*, dritte Umschlagseite.
9 Sheryl WuDunn und Nicholas D. Kristof, *Ferner Donner. Der neue Aufstieg Asiens*. Berlin: Siedler, 271.
10 Vgl. die in dem oben, Kap. VII, erwähnten Schulbuch *The Americans* angegebenen Zahlen.
11 Sheryl WuDunn und Nicholas D. Kristof, 273.
12 Ted Gup, 1995. Hiroshima, up from ground zero. *National Geographic*, August, 90.
13 Harry S. Truman, 1955. *Memoiren. Band I, Das Jahr der Entscheidung*. Stuttgart: Scherz & Goverts Verlag, 455.
14 Michael Light, 2003. *100 Suns*. New York: Jonathan Cape.
15 www.atomicmuseum.com/store/ProductItem.cfm?Category=111.
16 William LaFleur, 2003. Erschrecken und Schauder. *Frankfurter Allgemeine Zeitung*, 7. März, 33.
17 Charles Burress, 2003. The American indictment: The Japan that can't say sorry.
18 Tanaka Nobumasa hat die Debatte ausführlich dokumentiert. *Yasukuni no sengoshi*. Tokyo: Iwanami, 2002.
19 Fujiwara Kiichi, 2001. *Sensō-o kioku suru*. Tokyo: Kōdansha, 133f.
20 Michel Foucault, 1989. Film and popular memory. In: *Foucault Live, Interviews 1966–1984*. Hrg. Sylvère Lotringer, New York: Semiotext(e), 102.

21 Martin Shaw, 2003. *War and Genocide*. Cambridge: Polity Press, 114.
22 André Glucksmann, 2002. *Les Echos*, September.
23 John Berger, 2002. De Hiroshima aux Twin Towers. *Le Monde Diplomatique*, September, 32.
24 Volker Zastrow, 2004. Das Für der Folter. *Frankfurter Allgemeine Zeitung*, 19. Mai.

Literaturliste

Akiba, Tadatoshi. 1983. Atomic bomb. *Kodansha Encyclopedia of Japan.* Tokyo: Kodansha. Bd. 1, S. 107–111.

Alperovitz, Gar. 1990. Why the United States dropped the bomb. *Technological Review.* August/September, S. 23–34.

Alperovitz, Gar. 1995. *The Decision to Use the Atomic Bomb and the Architecture of an American Myth.* New York: Knopf.

Alperovitz, Gar und Robert L. Messer. 1992. Marshall, Truman, and the decision to drop the bomb. *International Security* 16, Nr. 3, S. 204–221.

Anders, Günther. 1959. *Der Mann auf der Brücke. Tagebuch aus Hiroshima und Nagasaki.* München: C.H. Beck.

Aron, Raymond. 1985. *Erkenntnis und Verantwortung.* München, Zürich: Piper.

Atarashii rekishi kyōkasho [Das neue Geschichtsbuch]. Kanji Nishio u. a., 2001. Tokyo: Fusōsha.

Barker, Paul. 1968. *Atomic Bomb: the Great Decision.* Hindsdale: Dryden Press.

Berger, John. 2002. De Hiroshima aux Twin Towers. *Le Monde Diplomatique*, September, S. 32.

Bernstein, Barton J. 1986. A postwar myth: 500 000 U. S. lives saved. *Bulletin of the Atomic Scientists,* Juni/Juli, S. 38–40.

Bijuaru rekishi [Visuelle Geschichte]. Tokyo: Tōhō 1999.

Bix, Herbert P. 1995. Hiroshima in history and memory: A symposium. *Diplomatic History* 19, Nr. 2, S. 197–225.

Bix, Herbert P. 2000. *Hirohito and the Making of Modern Japan.* New York: HarperCollins.

Braw, Monica. 1991. *The Atomic Bomb Suppressed. American Censorship in Occupied Japan.* Armonk und New York: M.E. Sharpe.

Brecht, Bertolt. 1995. *Journale 2, Frankfurter Ausgabe.* Frankfurt am Main: Suhrkamp.

Burress, Charles. 2003. The American indictment: The Japan that can't say sorry. In: Andrew Horvat und Gebhard Hielscher (Hrg.). *Sharing the Burden of the Past: Legacies of War in Europe, America, and Asia.* Tokyo: The Asia Foundation, Friedrich-Ebert-Stiftung, S. 122–129.

Buruma, Ian. 1994. *The Wages of Guilt. Memories of War in Germany and Japan*. New York: Farrar Straus Giroux.

Camus, Albert. 1967. *Tagebücher 1942–1951*. Reinbek: Rowohlt, Neuausgabe 1997.

Chūgaku Shakai Rekishi [Sozialkunde für die Mittelschule: Geschichte]. Sasayama Haruo, Okuda Yoshio, Kōno Shigeo, Satō Atsushi (Hrg.). 1999. Tokyo: Kyōiku Shuppan Kabushiki Kaisha.

Danzer, Gerald A. u. a. 1998. *The Americans*. Evanston, Illinois: McDougal Little Inc.

Dower, John W. 1993. *War without Mercy. Race and power in the Pacific War*. New York: Pantheon Books.

Dower, John W. 1999. *Embracing Defeat. Japan in the Aftermath of World War II*. London: Penguin Books.

Dürrenmatt, Friedrich. 1962. *Die Physiker*. Zürich: Die Arche.

Dyson, Freeman. 1985. *Weapons and Hope*. New York: Harper Colophon Books.

Etō, Jun. 1982. Tozasareta gengo kūkan – senryōgun no kenetsu to sengo nihon, ichi [Der geschlossene Sprachraum – die Zensur der Besatzungstruppen und Nachkriegsjapan, Teil 1]. *Shokun* 14(2), S. 34–109.

Feis, Herbert. 1961. *Japan Subdued: The atomic bomb and the end of the War in the Pacific*. Princeton: Princeton University Press.

Fogel, Joshua A. 2000. *The Nanjing Massacre in History and Historiography*. Berkeley: University of California Press.

Foucault, Michel. 1989. Film and popular memory. In: *Foucault Live, Interviews 1966–1984*. Hrg. Sylvère Lotringer, New York: Semiotext(e), S. 89–106.

Frisch, Otto Robert. 1979. *What Little I Remember*. Cambridge: Cambridge University Press. [Dt. Übersetzung: *Woran ich mich erinnere. Physik und Physiker meiner Zeit*. Stuttgart: Wissenschaftliche Verlagsgesellschaft, 1981.]

Fujiwara, Kiichi. 2001. *Sensō wo kioku suru. Hiroshima, horokōsuto to genzai* [Den Krieg erinnern. Hiroshima, der Holocaust und die Gegenwart]. Tokyo: Kōdansha.

Fukuyama, Francis. 1992. *The End of History and the Last Man*. New York: Free Press.

Galbraith, John Kenneth. 1981. *A Life in our Times*. Boston: Mifflin Company.

Gallagher, Carole. 1995. *American Ground Zero: Der geheime Atomkrieg in den USA*. Berlin: Elefanten Press.

Glucksmann, André. 2002. *Dostoïevski à Manhattan*. Paris: Robert Laffont.

Groves, Leslie R. 1965. *Jetzt darf ich sprechen. Die Geschichte der ersten Atombombe*. Köln, Berlin: Kiepenheuer & Witsch.

Gup, Ted. 1995. Hiroshima, up from ground zero. *National Geographic*, August, S. 78–101.

Hachiya, Michihiko. 1995 [1955]. *Hiroshima Diary. The journal of a Japanese physician, August 6 – September 30, 1945*. Übersetzt und herausgegeben von Warner Wells. Chapel Hill: The University of North Carolina Press.

Havley, Bruce und John M. Findlay (Hrg.). 1998. *The Atomic West*. Seattle: Center for the Study of the Pacific Northwest in association with the University of Washington.

Hersey, John. 1946. Hiroshima. *New Yorker*, 31. August. In Buchform veröffentlicht von Penguin Books, Harmondsworth, 1946, 1973.

Hibakusha. Wir haben überlebt. 1986. München, Zürich, Wien: Verlag Neue Stadt.

Hiroshima Peace Memorial Museum und Hiromi Tsuchida. 1995. *Hiroshima Collection*. Tokyo: Nihon hōsōshuppankyōkai.

Horne, Gerald. 2004. *Race War! White Supremacy and the Japanese Attack on the British Empire*. New York und London: New York University Press.

Ibuse, Masuji. 1966. *Kuroi ame*. [Dt. Übersetung: *Schwarzer Regen*. Frankfurt/M.: Fischer, 1985].

Ishikawa, Eisei und David L. Swain. 1981. *Hiroshima and Nagasaki: The Physical, Medical and Social Effects of the Atomic Bombings*. New York: Basic Books.

Ishiyama, Hisao. 2003. Busshu sensōshien no seifuhōshin ni sotte shūsei [Korrekturen nach Maßgabe der Politik einer Regierung, die Bushs Krieg unterstützt]. *Shūkan kinyōbi*, Nr. 461, 30, Mai, S. 32.

Itō, Akihiko. 1993. *Genshiya no yobu-ki. Katsute kakusensō ga atta* [Das Buch Jacob von den Atomfeldern. Es war einmal ein Krieg mit Kernwaffen]. Tokyo: Komichi Shobō.

Jungk, Robert (Hrg.). 1961. *Off limits für das Gewissen. Der Briefwechsel Claude Eatherly, Günther Anders*. Reinbek: Rowohlt.

Kanda, Mikio. 1982. *Genbaku ni otto o ubawarete: Hiroshima no nōfutachi no shōgen* [Durch die Atombombe ihrer Männer beraubt: Zeugnisse von Bäuerinnen aus Hiroshima]. Tokyo: Iwanami Shinsho.

Kitahara, Michio. 2001. *Naze Taiheiyo Senso ni natta noka* (Warum der Pazifische Krieg ausbrach). Tokyo: TBS-Britannica.

Klemperer, Victor. 1995. *Und so ist alles schwankend. Tagebücher Juni bis Dezember 1945*. Berlin: Aufbau Taschenbuch Verlag.

Kohchi, Akira. 1989. *Why I Survived the A-Bomb*. Costa Mesa: Institute for Historical Review.

Kurihara, Sadako. 1970. *Dokumento Hiroshima nijūyonen: Gendai no kyūsai* [Dokument Hiroshima 24 Jahre: Erlösung in unserer Zeit)]. Tokyo: Shinpō Shinsho.

LaFleur, William. 2003. Erschrecken und Schauder. *Frankfurter Allgemeine Zeitung*, 7. März, S. 33.

Lifton, Robert J. 1994. *Das Ende der Welt*. Stuttgart: Klett-Cotta.

Lifton, Robert J. und Greg Mitchell. 1995. *Hiroshima and America: Fifty Years of Denial*. New York: Putnam.

Light, Michael. 2003. *100 Suns*. New York: Jonathan Cape.

Maddox, Robert James. 1995. *Weapons for Victory. The Hiroshima decision fifty years later*. Columbia, London: University of Missouri Press.

Mann, Thomas. 1997. *Tagebücher 1944 – 1.4.1946*. Herausgegeben von Inge Jens. Frankfurt/M.: S. Fischer.

Messer, Robert L. 1982. *The End of an Alliance*. Chapel Hill: University of North Carolina Press.

Nagai, Paul Takashi. 1980. *Die Glocken von Nagasaki. Geschichte der Atombombe*. Kleinjörl bei Flensburg: G.E.Schroeder-Verlag.

Nakamura, Mitsuo. 1952. Senryōka no bungaku [Literatur unter der Besatzung]. *Bungaku* (Juni). Wiederabgedruckt in: *Shōwa hiyō taikei* [Abriss der Literaturkritik der Shōwa-Zeit]. Tokyo: Banchō shobō, Bd. 3, 1978, S. 305.

Nakano, Yoshiko. 1995. Amerika wa genboku wo kō oshiete iru [So lehrt Amerika die (Geschichte der) Atombombe]. *Shokun* 27(9), S. 140–149.

Nitze, Paul H. 1995. Was Truman right to drop the bomb: A weapon beyond war. *Vital Speeches of the Day* Bd. LXI, Nr. 24, S. 722–724.

Ōe, Kenzaburō. 1965a. Nani-o kioku shi, kioku shitsuzukeru beki ka [Was wir erinnern und weiter erinnern müssen]. In: Hiroshima-shi genbaku taikenki kankōkai (Hrg.). *Genbaku taikenki* [Atombomben-Zeugnisse], Tokyo: Asahi Shinbunsha, S. 247–257.

Ōe, Kenzaburō. 1965b. *Hiroshima nōto* [Notizen aus Hiroshima]. Tokyo: Iwanami.

Ogura, Tōyōfumi. 1948. *Zetsugo no kiroku* [Aufzeichnungen ohne Beispiel]. Tokyo: Cūōsha.

Okamura, Raymond. 1982. The American concentration camps: A cover-up through euphemistic terminology. *The Journal of Ethnic Studies* 10, S. 95–109.

Osada, Arata (Hrg.). 1981. *Kinder von Hiroshima. Japanische Kinder über den 6. August 1945*. Köln: Röderberg Verlag.

Osten, Philipp. 2003. *Der Tokioter Kriegsverbrecherprozeß und die japanische Rechtswissenschaft*. Berlin: Berliner Wissenschaftsverlag.

Petersen, Susanne. 2001. Die Schulbuchprozesse: Geschichtspolitik in japanischen Schulbüchern. *Periplus 2001, Jahrbuch für außereuropäische Geschichte (11)*, S. 59–82.

Pika-don über Japan. Berichte japanischer Kinder. Aus dem Japanischen übersetzt von Otto Karow. 1955. Köln: Maximilian Verlag.

Powaski, Ronald E. 1987. *March to Armageddon. The United States and the Nuclear Arms Race, 1939 to the Present.* New York, Oxford: Oxford University Press.

Reischauer, Edwin O. 1977. *The Japanese.* Cambridge, Mass.: Harvard University Press.

Röling, Bert V.A. und C.F. Ruter (Hrg.), 1977. *The Tokyo Judgement: The International Military Tribunal for the Far East (.I.M.T.F.E.), 29 April 1946 – 12 November 1948*, Bd. 2. Amsterdam: APA-University Press.

Rosenberg, Emily S. 2003. *Date which will live: Pearl Harbor in American Memory.* Durham, London: Duke University Press.

Rubin, Jay. 1985. From wholesomeness to decadence: The censorship of literature under allied occupation. *Journal of Japanese Studies* 11, 1, S. 71–103.

Saaler, Sven. 2004. *Politics, Memory and Public Opinion. The History Textbook Controversy and Japanese Society.* München: Indicium Verlag.

Schwentker, Wolfgang. 1998. Hiroshima und die europäische Resonanz 1945–1960. *Hagener Universitätsreden* 25.8. Hagen: Fernuniversität-GHS.

Selden, Mark. 2003. Confronting World War II: The atomic bombing and the internment of Japanese-Americans in U.S. history textbooks. In: Andrew Horvat und Gebhard Hielscher (Hrg.). *Sharing the Burden of the Past: Legacies of War in Europe, America, and Asia.* Tokyo: The Asia Foundation, Friedrich-Ebert-Stiftung, S. 60–68.

Shaw, Martin. 2003. *War and Genocide.* Cambridge: Polity Press.

Shibata, Shingo. 1995. The atomic victims as human guinea pigs. *Peace Studies Newsletter* (Hiroshima), S. 20–23.

Stein, Gertrude. 1946. Reflection on the atomic bomb. In: Robert B. Haas (Hrg.). *Reflection on the Atomic Bomb.* Volume I of the previously uncollected writings of Gertrude Stein. Los Angeles: Black Sparrow Press, S. 179.

Stimson, Henry L. 1947. The decision to use the atomic bomb. *Harper's Magazine* 194, Nr. 1161, S. 97–107.

Sweeney, Maj. Gen. Charles W. 1997. *War's End. An eyewitness account of America's last atomic mission.* New York: Avon Books.

Takaki, Ronald. 1995. *Hiroshima: Why America Dropped the Atomic Bomb.* Boston: Little, Brown&Co.

Takeuchi, Kei. 2003. «Benign» Nationalism in the History of Post-War Japan. In: *Can We Write History? Between Postmodernism and Coarse Nationalism*. Yokohama: Institute for International Studies (IISM), Meiji Gakuin University, S. 11–17.

Tanaka, Nobumasa. 2002. *Yasukuni no sengoshi* [Die Nachkriegsgeschichte des Yasukuni-Schreins]. Tokyo: Iwanami.

Tannenbaum, Percy H. 1996. The fifty-year anniversary of World War II: the victor's perspective. *50 Jahre Kriegsende: Collective Memories* und *Images in Deutschland, Japan und den USA*. Veröffentlichungen des Japanisch-Deutschen Zentrums Berlin, Bd. 31, S. 57–65.

The Japan Times, 20. August 2003.

The Japan Times, 12. Dezember 2003.

The Outline of Atomic Bomb Damage in Hiroshima. Hiroshima: Hiroshima Peace Memorial Museum, 1994.

Todd, Lewis P. und Merle Curti. 1986. *Triumph of the American Nation*. Orlando: Harcourt Brace Jovanovich.

Toland, John. 1982. *Infamy. Pearl Harbor and its aftermath*. New York: Berkeley Books.

Treat, John Whittier. 1995. *Writing Ground Zero. Japanese Literature and the Atomic Bomb*. Chicago, London: The University of Chicago Press.

Truman, Harry S. 1955. *Memoiren. Band I, Das Jahr der Entscheidung*. Stuttgart: Scherz & Goverts Verlag.

Truman, Harry S. Potsdam Diary, 17. Juli 1945, in: *Off the Record: The Private Papers of Harry S. Truman*. Herausgegeben von Robert H. Ferrell New York: Harper & Row, 1980.

Tsuchida, Hiromi. 2002. *Heiwa e no sazanami. Genbaku no shashin kara umareta chūgakuseitachi no shi* [Wellen zum Frieden. Gedichte von Mittelschülern nach Atombombenfotos]. Tokyo: Nihon hōsōshuppankyōkai.

U.S. Strategic Bombing Survey. *Japan's Struggle to End the War*. Washington, Juli 1946.

Washington Post, 7. Juli 1995, S. 9A21. (Kai Bird. Enola Gay: «Patriotically correct»).

Weale, Adrian. 1995. *Eye-Witness Hiroshima. First-hand accounts of the atomic terror that changed the world*. London: Robinson.

Weiner, Michael. 1997. The representation of absence and the absence of representation. Korean victims of the atomic bomb. In: Michael Weiner (Hrg.). *Japan's Minorities*. London: Routledge, S. 79–107.

Weintraub, Stanley. 1995. *The Last Great Victory: The end of World War II, July-August 1945*. New York: Truman Talley Books.

Wesseling, Hendrik L. 1988. *Indië verloren Rampspoed geboren. En andere*

Opstellen over de Geschiedenis van de Europese Expansie. Amsterdam: Bert Bakker.

WuDunn, Sheryl und Nicholas D. Kristof. 2002. *Ferner Donner. Der neue Aufstieg Asiens.* Berlin: Siedler.

Yoneyama, Lisa. 1999. *Hiroshima Traces. Time, Space, and the Dialectics of Memory.* Berkeley: University of California Press.

Zastrow, Volker. 2004. Das Für der Folter. *Frankfurter Allgemeine Zeitung*, 19. Mai, S. 1.

Personenregister

Aus dem Verlagsprogramm

Geschichte der USA

Jürgen Martschukat
Die Geschichte der Todesstrafe in Nordamerika
Von der Kolonialzeit bis zur Gegenwart
2002. 224 Seiten mit 4 Abbildungen. Paperback
Beck'sche Reihe 1471

Marc Frey
Geschichte des Vietnamkriegs
Die Tragödie in Asien und das Ende des amerikanischen Traums
7. Auflage. 2004. 256 Seiten mit 2 Karten. Paperback
Beck'sche Reihe Band 1278

Benjamin R. Barber
Imperium der Angst
Die USA und die Neuordnung der Welt
Aus dem Englischen von Karl Heinz Siber
2003. 276 Seiten. Gebunden

Jürgen Heideking/Christof Mauch (Hrsg.)
Die amerikanischen Präsidenten
42 historische Portraits von George Washington bis George W. Bush
Herausgegeben von Jürgen Heideking. Fortgeführt von Christof Mauch
4., fortgeführte und aktualisierte Auflage. 2004.
494 Seiten mit 42 Abbildungen. Broschiert

Thomas Greven
Die Republikaner
Anatomie einer amerikanischen Partei
2004. 250 Seiten. Broschiert

Horst Dippel
Geschichte der USA
6., aktualisierte Auflage. 2003. 144 Seiten. Paperback
Beck'sche Reihe
C.H. Beck Wissen 2051

Verlag C.H. Beck München

Zeitgeschichte – 2. Weltkrieg

Sybille Steinbacher
Auschwitz
Geschichte und Nachgeschichte
2004. 128 Seiten mit 1 Abbildungen und 5 Plänen und Karten. Paperback
Beck'sche Reihe Band 2333
C.H.Beck Wissen

Christian Meier
Vierzig Jahre nach Auschwitz
Deutsche Geschichtserinnerung heute
2., erweiterte Auflage. 1990. 150 Seiten. Paperback
Beck'sche Reihe Band 373

Peter Reichel
Vergangenheitsbewältigung in Deutschland
Die Auseinandersetzung mit der NS-Diktatur von 1945 bis heute
2001. 252 Seiten. Paperback
Beck'sche Reihe Band 1416

Ernestine Schlant
Die Sprache des Schweigens
Die deutsche Literatur und der Holocaust
Aus dem Englischen von Holger Fliessbach
2001. 336 Seiten mit 1 Abbildungen. Leinen

Volkhard Knigge/Norbert Frei (Hrsg.)
Verbrechen erinnern
Die Auseinandersetzung mit Holocaust und Völkermord
2002. XII, 450 Seiten mit 15 Abbildungen. Klappenbroschur

Gerhard Schreiber
Der Zweite Weltkrieg
2. Auflage. 2004. 127 Seiten mit 4 Karten. Paperback
Beck'sche Reihe Band 2164
C.H.Beck Wissen

Verlag C.H. Beck München

Außereuropäische Geschichte und Kulturen

Florian Coulmas
Die Kultur Japans
Tradition und Moderne
2003. 333 Seiten mit 31 Abbildungen und 7 Tabellen. Leinen

Jürgen Osterhammel
Die Entzauberung Asiens
Europa und die asiatischen Reiche im 18. Jahrhundert
1998. 560 Seiten. Leinen
C.H. Beck Kulturwissenschaft

Wolfgang Bauer
Geschichte der chinesischen Philosophie
Konfuzianismus, Daoismus, Buddhismus
Herausgegeben von Hans van Ess
2001. 339 Seiten. Broschiert

Karl-Heinz Golzio
Geschichte Kambodschas
Das Land der Khmer von Angkor bis zur Gegenwart
2003. 198 Seiten. Paperback
Beck'sche Reihe Band 1516

Volker Klöpsch/Eva Müller (Hrsg.)
Lexikon der chinesischen Literatur
2004. 446 Seiten. Leinen

Hanns W. Maull/Ivo M. Maull
Im Brennpunkt: Korea
Geschichte – Politik – Wirtschaft – Kultur
2004. 232 Seiten mit 20 Abbildungen und Karten, Graphiken
und 1 Stammtafel. Paperback
Beck'sche Reihe Band 1575

Verlag C.H. Beck München